Garnet Manecke | Vera Anders

111 Orte in Mönchengladbach, die man gesehen haben muss

111

emons:

Bibliographische Informationen der Deutschen Nationalbibliothek
Die Deutsche Nationalbibliothek verzeichnet diese Publikation in der Deutschen Nationalbibliografie; detaillierte bibliografische Daten sind im Internet über http://dnb.d-nb.e abrufbar.

FSC
www.fsc.org
MIX
Papier aus verantwortungsvollen Quellen
FSC® C043106

Layout: Eva Kraskes, nach einem Konzept von Lübbeke | Naumann | Thoben
Kartografie: altancicek.design, www.altancicek.de
Kartenbasisinformationen aus Openstreetmap,

Druck und Bindung: Grafisches Centrum Cuno, Calbe
Printed in Germany 2019
ISBN 978-3-7408-0606-4
Originalausgabe

Vorwort

»111 Orte, die man gesehen haben muss? In Mönchengladbach?«, eine Frage, die meiner Mit-Autorin Vera Anders und mir bei der Arbeit zu diesem Buch oft gestellt wurde. Mönchengladbach wird von seinen Bewohnern chronisch unterschätzt. Über 1.000 Jahre Stadtgeschichte werden hier an verschiedenen Orten erzählt – und die Geschichte wird von den Mönchengladbachern weitergeschrieben. Die Stadt erlebt eine neue Gründerzeit. An vielen Orten entsteht Neues, weil die Mönchengladbacher mit ihren Ideen ihre Stadt aktiv gestalten. Als Großstadt ist sie keine gewachsene Metropole. Der Zusammenschluss der vielen Dörfer, die nun Stadtteile sind, und die Städtefusion von Mönchengladbach und Rheydt führten zu Besonderheiten, die man in anderen Städten nicht findet. Das hat Charme.

Dieser Charme findet sich auch in der Auswahl der Orte wieder: Sehenswürdigkeiten und Wahrzeichen wie das Münster, das Museum Abteiberg oder die Schlösser in Rheydt und Wickrath gehören selbstverständlich dazu und offenbaren Seiten, die kaum bekannt sind. Aber wir haben auch Orte gefunden, die das Leben in der Stadt unverwechselbar machen. Darunter sind skurrile Orte wie der Papiercontainer mit eigenen Fans, historische wie das Textilmuseum, Quartiersplätze wie der Schiller- und der Maarplatz, oder Unternehmen, die mit ihren Erfindungen die Welt bewegen.

Wer besondere Orte sucht, geht mit anderen Augen durch die Stadt und entdeckt sie neu. Fast von jeder Foto-Tour habe ich einen neuen mitgebracht. So hat sich die Liste schnell gefüllt, und am Ende standen weit mehr als 111 Orte darauf. Das Buch enthält unsere persönliche Auswahl. Es lohnt sich, Mönchengladbach zu erkunden!

Garnet Manecke
Mönchengladbach, im September 2019

111 Orte

Unter
diesem
Dach
arbeiten
Menschen
aus
NATIONEN

1 Das Alpinum

Ein Ausflug in die Berge

Wenn der Berg ruft, wird es für die Gladbacher schwierig. Denn die Sehnsucht nach alpinen Eindrücken kann in einer Stadt am Niederrhein kaum gestillt werden. Wohin man auch sieht: Alles ist flach. An Bergmassiven herrscht einfach Mangelware. Auf das Bergerlebnis brauchen die Gladbacher trotzdem nicht ganz zu verzichten. Die für Grünflächen zuständigen Mitarbeiter der Mönchengladbacher Abfall-, Grün- und Straßenbetriebe hatten 2015 eine pfiffige Idee: Wenn es hier keine Alpen gibt, werden halt welche gemacht. Und so können Bergliebhaber das alpine Klima und die Pflanzenwelt der Berge genießen, ohne dafür schwierige Kraxeltouren zu absolvieren. Das Alpinum im Bunten Garten kann sogar mit Kinderwagen und Rollator bezwungen werden.

In Gladbachs flachen Alpen wachsen auf einer Höhe von 70 Metern Edelweiß, Alpenmohn, Blasenschötchen, Alpenaster, Kalkalpen-Hornkraut, Graues Felsenblümchen, Enzian und andere Gewächse, die sich eigentlich auf einer Höhe von 1.000 bis 2.000 Metern richtig wohlfühlen. Die Schotterflächen zwischen den Findlingen bestehen aus einem speziellen Kalksteingemisch, darunter sorgen eine spezielle Folie, die nur von oben Wasser durchlässt, und eine lockere Kiesschicht dafür, dass das Klima für die Pflanzen dem in den Alpen sehr nahekommt und die Pflanzenwurzeln hier Halt finden.

So muss niemand eine steile Nordwand bezwingen, um ein Edelweiß aus der Nähe zu betrachten. Kleine Kinder schaffen den Aufstieg auf den Wegen genauso wie Senioren. Natürlich ist das Pflücken der begehrten Alpenblume verboten – wenn sich auch nicht jeder daran hält. Regelmäßig muss neu gepflanzt werden.

Botaniker freut der Anblick dieses Flachgebirges, das etwa 100 verschiedene Pflanzensorten aufweist. Fachleute, Auszubildende im Garten- und Landschaftsbau und Schulklassen kommen hierher, um die Pflanzenwelt aus den Bergen einmal in natura zu sehen.

Adresse Bettrather Straße, 41061 Mönchengladbach | **ÖPNV** Bus 005, 009, Haltestelle Hagelkreuzstraße | **Öffnungszeiten** immer zugänglich | **Tipp** Genau gegenüber dem Alpinum liegt das Franziskaner-Kloster mit der Kirche St. Barbara. Teile der Anlage sind frei zugänglich, die Kirche von 1892 ist täglich geöffnet und kann besichtigt werden.

2 Die Alte Tanke

Alles andere als verloren

Ein bisschen sieht dieses Eckgrundstück mitten im Gründerzeitviertel wie ein »Lost Place« aus. Ein Stapel alter Reifen liegt da unter dem Baum, an der Mauer Graffiti, Europaletten sind am Rand aufgeschichtet. Mittendrin ein Tisch und zwei Bänke, und an manchen Stellen kämpft sich der Löwenzahn durch den Schotter. Aber andererseits ist dieser Flecken Erde doch zu aufgeräumt für einen »Lost Place«. Und er ist ja auch wirklich nicht verlassen. Ganz im Gegenteil: Die Nachbarschaft hat diesen Ort gerettet und die Alte Tanke in Eicken zu ihrem Treffpunkt im Viertel gemacht.

Man kann sich noch gut vorstellen, dass es hier wirklich mal eine Tankstelle gab. Obwohl der Platz mitten in einem Wohngebiet liegt. Dabei ist heute jede Dorftankstelle locker doppelt so groß wie die, die hier einst stand. Auf alten Bildern ist zu sehen, dass sie zwei Zapfsäulen hatte. Wie sehr sich allein der Umfang der Karosserien in den vergangenen 50 Jahren vergrößert hat, zeigt sich an den paar Garagen in den Häusern um diesen Platz. Selbst für einen modernen Kleinwagen scheinen die Mini-Garagentore zu eng, um sie schrammenfrei zu passieren.

Aber der Straßenverlauf um diese Ecke lässt die Bilder im Kopf entstehen: Wie die Autos damals von der Kaiserstraße kommen, auf die Ecke zufahren und an den Tanksäulen anhalten. In den 1950er Jahren ist ein Tankwart noch ein Dienstleister, der nicht nur den richtigen Sprit einfüllt, sondern bei Bedarf auch die Frontscheibe wäscht und die Außenspiegel poliert. Mit vollem Tank ist der Kunde dann über die Sittardstraße weggefahren.

Heute wäre das nicht mehr möglich. Die Sittardstraße ist auf diesem Stück längst zu einer Stichstraße geworden und von der Bismarckstraße aus nicht mehr befahrbar. Der öffentliche Platz ist nun ein schöner Ort, um beim Stadtrundgang ein Picknick zu machen. Die Nachbarn des Gründerzeitviertels treffen sich hier oft abends und tanken Lebensfreude.

Adresse Kaiserstraße/Ecke Sittardstraße, 41061 Mönchengladbach | **ÖPNV** Bus 001, 015, 025, CE89, Haltestelle Kaiser-Friedrich-Halle | **Tipp** Direkt neben der Alten Tanke befindet sich Deutschlands berühmtestes und schönstes Schlagloch. Die Künstlerin Maren Dörwaldt hat es mit Farbe und Plastikgoldfisch in einen idyllischen Teich verwandelt.

3 Das alte van-Laack-Haus

Die Quadrate von Blinky Palermo

Die Aufregung über die Entdeckung des Kunstwerks von Blinky Palermo ist groß. Die Presse wird informiert, das Museum Abteiberg lädt zu Führungen auf die Baustelle ein. Gespannt gehen die Besucher in den Raum, um das wiederentdeckte Wandgemälde zu betrachten. Sie sehen: eine weiße Wand. Die Kunstliebhaber müssen schon genau hinschauen, um die vier freigelegten Farbtupfer zu finden: zwei Quadrate in Rot und Türkis, jeweils fünf mal fünf Millimeter groß, und ein gelbes Quadrat von etwa einem Quadratzentimeter Fläche. Dazwischen ein langer dunkelblauer Strich. Bei Bauarbeiten sind diese Spuren unter der Farbschicht zutage getreten. Eine Sensation in der Kunstwelt, denn es ist das einzige Wandgemälde des Künstlers, das noch existiert.

Gebaut wird der gesamte Gebäude-Komplex zwischen August-Pieper-Straße und der parallel verlaufenden Windthorststraße vom alten Volksverein für das katholische Deutschland Anfang des 20. Jahrhunderts. 1953 zieht der Hemdenhersteller van Laack ein. Der Geschäftsführer Rolf Hoffmann ist ein großer Kunstfreund. Als er 1970 die Firma übernimmt, beauftragt er Blinky Palermo mit der Wandarbeit im Direktorenzimmer. Der Beuys-Schüler lebt in der Stadt und teilt sich mit anderen Künstlern ein Atelier. Hoffmanns Nachfolger sind nicht so kunstsinnig. 22 Jahre später wird das Kunstwerk einfach überstrichen.

An der August-Pieper-Straße ist wieder Ruhe eingekehrt. Über dem Eingang des Jugendstil-Gebäudes und an den Türgriffen erinnert das frühere Emblem an den Hersteller »königlicher« Hemden. 2006 zieht es in den Nordpark. Blinky Palermos Wand ist nun Teil einer Privatwohnung. Auch wenn man sie nicht besichtigen kann, muss man auf einen echten Palermo nicht verzichten. Das Museum Abteiberg ist in wenigen Minuten zu Fuß zu erreichen. In seiner Sammlung zeigt es Werke des Malers – neben denen seines Lehrers Beuys.

Adresse August-Pieper-Straße 10, 41061 Mönchengladbach | ÖPNV Bus 003, 007, 013, 023, 033, Haltestelle Grünewald | Tipp Die Stadt ist reich an öffentlichen Gärten. Einer ganz in der Nähe ist nach einem der Gründer des alten Volksvereins benannt: Der Brandtsgarten liegt mitten in der Stadt auf dem Weg zwischen dem van-Laack-Gebäude und dem Museum Abteiberg.

4 Der älteste Baum

Besuch bei einer 700-Jährigen

Die Winterlinde ist betagt: Wer auf dem Vorplatz der neuen Laurentiuskirche in Odenkirchen steht, bemerkt es sofort. Auf geschätzte 700 Jahre kommt die älteste Gladbacherin.

Retter dieses Naturdenkmals sind die Mönchengladbacher Abfall-, Grün- und Straßenbetriebe. Die städtische mags sorgt nach vielen – oft kritisch beäugten – Fällungen und umfangreichem Beschnitt im ganzen Stadtgebiet damit für eine gute Nachricht in Sachen Baumbestand.

Ein studierter Experte und sein Team verhindern in einer aufwendigen Aktion das Auseinanderbrechen des Baumes. Eissturm »Friederike«, der im Januar 2018 landesweit und mit Spitzengeschwindigkeiten von 160 Stundenkilometern ungebremst übers Land fegt, setzt der Linde zu. Mehrere lange Risse entstehen, die Hohlräume reichen bis ins Wurzelwerk. Schon vorher ist die Baumlady nicht mehr ganz gesund. Die morschen Krücken – nutzlos gewordene Stützen und Überbleibsel vorheriger Rettungsaktionen – werden als Erste entfernt. Für mehr Stabilität kürzt man die mächtige Baumkrone um die Hälfte und baut eine Stahlseilkonstruktion ein. Ein Gurtband umschließt den Stamm korsettartig, um ihn zukünftig vor dem Auseinanderdriften zu schützen.

Im Vergleich zu einer Eiche im Kreis Borken ist die Gladbacher Linde gerade mal im besten Alter. Gemeinsam mit einer hessischen Linde gehört die Eiche zu den ältesten Bäumen Deutschlands. Schon 1441 werden unter ihrem damals bereits eindrucksvoll großen Dach Gerichtsurteile gefällt. Beide Methusaleme kommen auf ein geschätztes Alter von jeweils 1.200 Jahren. Interessant: Auf und in einem einzigen alten Riesen können sich laut BUND mehrere hundert Arten, darunter Eulen, seltene Vögel, Bienen, Insekten, Fledermäuse, Käfer und Pilze, tummeln. Einige von ihnen verbringen ihr ganzes Leben an »ihrem« Baum. Besucher, die in Odenkirchen genau hinschauen, entdecken mit Sicherheit auch treue Mitbewohner der Linde.

Adresse Laurentiusplatz 9, 41199 Mönchengladbach-Odenkirchen | **ÖPNV** Bus 001, 002, RB27, Haltestelle Laurentiuskirche | **Tipp** Der uralte Taufbrunnen von St. Laurentius aus den Jahren zwischen 1000 und 1200 blieb beschädigt lange unbeachtet. Heute steht er restauriert im Hauptschiff am Anfang des Mittelgangs.

5 Das Amphitheater

Die privaten Bühnen Gladbachs

Auf dem schmalen Streifen Bunter Garten im rechten Winkel zwischen Viersener Straße und Lochnerallee liegt etwas abseits ein kleines Amphitheater. Die Treppenstufen führen im Halbrund auf die Bühnenfläche nach unten. Einmal im Jahr stellen sich hier die Abiturienten der benachbarten Marienschule zum Foto mit Luftballons auf, in der übrigen Zeit dient die Fläche höchstens als Schülerrückzugsort in den Pausen. Was also soll das Amphitheater hier?

Wer sich die Steine anschaut, muss kein Archäologe sein, um zu sehen, dass das kein Fund aus der Römerzeit ist. Tatsächlich soll die Anlage auf Stadtgelände ein Open-Air-Klassenraum sein, eine kleine, private Bühne und doch offen für alle. Genau das ist symbolisch für Gladbachs nicht städtisches Kulturangebot. Direkt nebenan stellt sich beispielsweise die Theater-AG mit neuen Stücken und Klassikern regelmäßig auf die Bretter – gelegentlich auch gemeinsam mit einer der musischen Gruppen. Neben eigenen Musicalproduktionen ist die Marienschule auch der Ort für Konzertabende, mindestens einen in jeder Jahreszeit. Selbst wenn die meisten Gäste zu den Freunden und Familien der Musizierenden in zahlreichen Ensembles gehören, bei den Konzerten ist jeder willkommen.

Im Sinne von ziemlich privat und doch für alle da bringt unter anderem »Musik im Haus« Erstklassiges zu Gehör – auch als eine Reaktion auf die radikalen Budgetkürzungen im städtischen Konzertwesen. Hier packen Profimusiker schon mal zwischen Couchtisch und Sofa ihre Instrumente aus. Der Gladbacher Verein frischt seit 2006 die private Musikszene mit Live-Events auf, die alle zwei Jahre an einem verlängerten Wochenende an ungewöhnlichen Orten stattfinden.

Das kleine Amphitheater war selbstverständlich noch nicht darunter, ihm fehlt das Dach überm Kopf. Wer es wieder beleben will, kann sich hier zum Jammen oder Improtheaterspielen treffen: Die Bühne ist frei.

Adresse im Bunten Garten zwischen Lochnerallee und Marienschule, auf Höhe Viersener Straße 209, 41063 Mönchengladbach | ÖPNV Bus 019, Haltestelle Lochnerallee, 1 Minute Fußweg in den Park | Tipp Ganz in der Nähe steht auf dem Parkweg eine Baumskulptur des Beuys-Schülers Anatol Herzfeld. Der Künstler, der auch den Stahlstuhl im Abteigarten entworfen hat, gestaltete bis zu seinem Tod im Mai 2019 die Museumsinsel Hombroich mit.

6 Archäologisches Museum

Vom Zahn der Zeit zum Zahn des Mammuts

Ein bisschen ist das Archäologische Museum wie ein großer Eintopf: Auf engstem Raum wurden hier Fundstücke aus dem gesamten Stadtgebiet und den Nachbarregionen zusammengetragen. Steine, Lanzen, Knochen, Gebrauchsgegenstände wie Schalen und Keile sowie Bodenprofile, dazu jede Menge Fotos von Ausgrabungen und Fundstellen. 300.000 bis 500.000 Jahre Menschheitsgeschichte kommen in den Vitrinen und an den Wänden zusammen. Die erste Zahl ist wissenschaftlich gesichert, bei der zweiten streiten die Experten noch. Die Ausstellung zeigt, dass es gute Argumente für wie gegen diese Annahme gibt.

Ein Kreis ambitionierter Hobby-Archäologen führt das kleine Museum im Erdgeschoss des stillgelegten Wasserturms von Rheindahlen. Alles wird ehrenamtlich gemacht: Führungen, die Betreuung von Schulklassen und die Bewertung, Katalogisierung und Einordnung der Fundstücke. Und selbstverständlich auch die Pflege des Raums. Das machen die Mitglieder des Vereins so gut, dass Profi-Archäologen und Forscher gern zu ihnen kommen, um sich in der Ausstellung umzusehen.

Aber auch für diejenigen, die in einem Keil aus der Zeit der Neandertaler nur einen Kieselstein sehen, kann sich der Besuch lohnen. Wo sonst könnte man ein Stück Mammutzahn anschauen? Oder das Schulterblatt des Tieres, das vier Mal so groß ist wie das eines Auerochsen? Auch erfährt man, dass 2013 in Mönchengladbach ein vollständig erhaltenes Skelett eines 400 Jahre alten Auerochsen gefunden wurde. Das besterhaltene Exemplar, das jemals in Deutschland entdeckt wurde. Eineinhalb Jahre haben die Ausgrabungen gedauert, die hier dokumentiert sind. Die meisten Fundstücke stammen aus Bodenabtragungen in den früheren Ziegeleien Dreesen und Dahmen, die in direkter Nachbarschaft des Museums lagen. Wer zum Museum geht, läuft also über 500.000 Jahre Geschichte – oder über 300.000 Jahre, darüber diskutieren die Experten ja noch.

Adresse Mennrather Straße 80, 41179 Mönchengladbach-Rheindahlen | **ÖPNV** Bus 004, 026, Haltestelle Max-Reger-Straße, Fußweg von dort etwa 15 Minuten | **Öffnungszeiten** März–Okt. jeden 1. Samstag im Monat 14–17 Uhr, für Gruppen ab 5 Personen Termine auch außerhalb der Öffnungszeiten vereinbar unter Tel. 02166/248691 | **Tipp** Direkt neben dem Archäologischen Museum befindet sich eine hydrologische Station. Hier werden die Regenmenge und deren Anteil am Grundwasser untersucht und gemessen.

7 Die Aussichtsplattform

Viel Kohle in Sicht

Die Asphaltdecke ist schon abgetragen, aber die Leitplanken des ehemaligen Autobahnstreifens und die frühere Abfahrt sind noch deutlich zu sehen. Es ist eine kleine Wanderung vom Ortsausgang Wanlo zur Aussichtsplattform, von der die Sicht in die große Grube unverstellt ist. Von hier aus kann man dabei zusehen, wie sich die großen Bagger Meter für Meter durch die Erde fressen. Die schiere Größe dieser Maschinen macht alles andere daneben winzig klein. Selbst normale Bagger und Lkws wirken neben dem Braunkohlebagger wie Ameisen. Von der Aussichtsplattform sind die verschiedenen Bodenschichten deutlich erkennbar. Hier ist man Zeuge eines gigantischen Eingriffs in die Natur, der die Umwelt und das Klima verändert.

Mönchengladbach ist von dem Tagebau am Rande betroffen: Als südlichster Stadtteil ist Wanlo der einzige, der direkt an das Abbaugebiet grenzt. Entsprechend ist in der Stadt nirgends das Ausmaß des Tagebaus so deutlich sichtbar und spürbar wie hier. Die Straße, die noch nach Immerath und Keyenberg führt, wird es bald nicht mehr geben. Immerath ist bereits abgerissen, das neue Keyenberg entsteht gerade nördlich von Erkelenz.

Ursprünglich stand auch Wanlo auf der Liste der Dörfer, die abgebaggert werden sollten. 1991 wurde entschieden, dass der Ort stehen bleibt. Nun kann man von hier aus beobachten, wie sich die Landschaft verändert. Das geht in einem so schnellen Tempo, dass das Bild, das sich von der Aussichtsplattform bietet, fast täglich wechselt. Dabei schaut man von hier auf das Sinnbild einer Technik, die es in 20 Jahren nicht mehr geben wird. Für 2038 ist das Ende des Kohleabbaus geplant.

Tritt man von der Aussichtsplattform den Rückweg an, lässt man nicht nur die Kohle hinter sich. Vor Augen hat man die erneuerbaren Energien: Auf den Feldern um Wanlo sind Windparks entstanden. Mit jeder Drehung der Windräder wird Strom erzeugt.

Adresse 41189 Mönchengladbach-Wanlo | **ÖPNV** Bus 006, 016, Haltestelle Wanlo Markt, von dort aus etwa 30 Minuten Fußweg | **Anfahrt** A46, Ausfahrt Wanlo, rechts abbiegen, im Kreisverkehr die zweite Ausfahrt nehmen und der Beschilderung »Aussichtsplattform Garzweiler« folgen | **Tipp** Einen anderen Ausblick auf den Tagebau bietet die Aussichtsplattform Jackerath bei Erkelenz. Auf dem Weg dorthin kommt man an Orten vorbei, die umgesiedelt werden und es zum Teil schon sind. Das nächste Dorf zu Wanlo ist Keyenberg.

8 Der Beller Park

Ein Ausflug ins Grüne und in die Geschichte

Durch den Beller Park in Odenkirchen fließt gemütlich die Niers. Es gibt einen Weiher mit Inselchen, eine Menge Wasservögel, Trauerweiden und andere große Laubbäume. Auf der Freilauffläche raufen Hunde, ein wenig entfernt vergnügen sich Kinder auf der Kletterspinne und der Rutsche.

Der Spielplatz hier ist benannt nach der Beller Mühle, die es heute nur noch auf Fotos gibt. Schon 1484 wird sie das erste Mal urkundlich erwähnt und ist jahrhundertelang Anziehungspunkt der Bauern aus der Gegend. Auf Pferdewagen bringen sie ihren Raps, den der Lohmüller für sie zu Öl presst. Später wird hier, angetrieben vom Niers-Strom, auch Getreide gemahlen. Als das schon längst industriell passiert, kauft die damals noch selbstständige Stadt Odenkirchen 1927 das schöne Gebäude. Für ihre Bürger legt sie im Mühlenweiher ein Schwimmbad und drumherum den Beller Park an.

Der 31. August 1943 zerstört die Idylle und nicht nur sie. Nur 73 Minuten dauert der britische Bombenangriff, bei dem 413 Menschen ihr Leben verlieren. Es ist der zweite Luftangriff auf Gladbach. Schon 1940 fallen Bomben – die ersten auf deutschem Boden überhaupt in diesem Krieg. Jetzt trifft es unter anderem Odenkirchen und die Honschaft Bell. Kurz darauf ist nichts mehr von der Beller Mühle übrig, sie brennt vollständig nieder. Damit ergeht es ihr wie 98 Prozent aller Häuser in Odenkirchen und 80 Prozent der Gebäude in Rheydt, die in dieser Sommernacht zerstört oder schwer beschädigt werden. Durch Bombensplitter, kleine und große Brände werden neben Wohnhäusern auch viele Industriegebäude vernichtet. Sechs Kirchen und fünf Schulen ereilt das gleiche Schicksal.

Die Beller Mühle wird nach dem Krieg nicht mehr aufgebaut. 1981 weicht unter Protest auch das Bad. Der Beller Park ist trotzdem einen Ausflug wert. Wer ihn noch nicht kennt, erlebt diesen Ort allerdings ganz anders als die Gladbacher vergangener Zeiten.

Adresse 41199 Mönchengladbach-Odenkirchen | **ÖPNV** Bus 002, 097, Haltestelle Duvenstraße | **Tipp** Lesepicknick im Beller Park mit einem Buch der Bestsellerautorin und Wickratherin Rebecca Gablé, die den Niederrhein liebt. Zur Handlung im alten England passen Sandwiches und eine Thermoskanne Tee. Mittelaltermusik perlt aus dem Kopfhörer – most wonderful.

9 Das Berufskolleg

Die erste Berufsschule für Mädchen

In Mönchengladbach findet man wohl keine schönere Schule. Das aufwendige Hauptportal mit seinen Säulen und Schnitzereien lässt Großes erwarten. Vorbei an der halbrunden Pförtnerloge geht man durch die Flügeltür ins Foyer und steht in der Original-Innenausstattung von 1913. Die Wände sind türkis gestrichen und mit Holzleisten umrahmt, die Holzspinde mit Schnitzereien geschmückt, und die Decken zieren Stuckarbeiten. Jede Etage hat eine andere Farbe, so wie es 1913 Mode ist. In die Wände sind Vitrinen eingelassen, in einer stehen historische Nähmaschinen.

Ende des 19. Jahrhunderts ist eine Ausbildung für Frauen nicht üblich. Es ist gesellschaftlicher Konsens, dass Heiraten ihr höchstes Ziel ist. Maria Lenssen sieht das anders. Die Tochter eines Rheydter Industriellen eröffnet 1870 eine »Private Fortbildungsschule in Handarbeiten«. Mädchen aus Arbeiterfamilien lernen in derselben Klasse wie Töchter von wohlhabenden Familien. Die Schule wächst schnell. 1877 wird sie zur »Industrie- und Fortbildungsschule für Frauen und Mädchen«. Neben Zuschneiden und Nähen bekommen die Schülerinnen eine kaufmännische Ausbildung. Die Lehrerinnen für ihre Schule bildet Maria Lenssen selbst aus.

Aus der Handarbeitsschule hat sich das Berufskolleg entwickelt. Mit den Schülerzahlen ist auch der Schulkomplex gewachsen. Direkt hinter dem historischen Schulgebäude liegt der Garten mit über 200 Jahre alten Bäumen, die unter Denkmalschutz stehen. Auch architektonisch ist der Park sehenswert: Der Kontrast zwischen dem Schülerinnen-Wohnheim in der Bauhaus-Architektur von 1933/34 mit seinen sieben puristischen Kuben und dem Schulgebäude könnte nicht größer sein. Zwischen den beiden Gebäuden steht der weiße Pavillon von 1840 im spätklassizistischen Stil. Hinter dem Wohnheim befindet sich an der Mühlenstraße der zweite Eingang in den Park. Durch das graue Gittertor kommt man direkt in die Rheydter Innenstadt.

Adresse Maria-Lenssen-Berufskolleg, Werner-Gilles-Straße 20–32, 41236 Mönchengladbach; Mühlenstraße 33, 41236 Mönchengladbach (zweiter Eingang zum Park) | **ÖPNV** Bus 016, 019, Haltestelle Hugo-Junkers-Gymnasium oder Rheydt Markt (zweiter Eingang zum Park) | **Tipp** In der Innenstadt von Rheydt findet man viele Beispiele für die Architektur der 1950er Jahre. Besonders in der Hauptstraße und in der Harmoniestraße gibt es auffallende, original erhaltene Fassaden.

10 Die Blaue Route

Vorfahrt für Radfahrer

Für eine Stadt, die sich viele Jahre als »autofreundliche Stadt« versteht, ist eine Fahrradstraße eine Kulturrevolution. Die Blaue Route beginnt im Schatten der evangelischen Hauptkirche am Markt in Rheydt und führt fast schnurgerade bis zum Berliner Platz in Mönchengladbach. Diese sechs Kilometer lange Verbindung mitten durch die Stadt gehört den Radlern. Sie dürfen auf der Strecke nebeneinander fahren und sich miteinander unterhalten. Autofahrer dürfen die Straße mit dem blauen Streifen am Rand nur als Anlieger nutzen. Sie müssen sich erst daran gewöhnen, in der zweiten Reihe zu fahren.

Die Blaue Route ist der größte Erfolg der Radfahrer bei ihren Bemühungen, im Straßenverkehr mehr Raum zu bekommen. Viele Jahre werden sie buchstäblich an den Rand gedrängt, wenn es auf viel befahrenen Straßen in der Innenstadt keine Radwege gibt. Oder ihre Tour durch die Stadt wird zu einem gefährlichen Ritt über Huckelpisten, weil Baumwurzeln den Boden der Radwege angehoben haben. Die Trendwende im öffentlichen Bewusstsein läutete der Künstler Norbert Krause ein, als er in drei aufeinanderfolgenden Jahren die Aktion »200 Tage Fahrradstadt« ausruft.

Mit vielen öffentlichen Aktionen macht er die Idee populär. Im Frühjahr lädt er zum kollektiven öffentlichen Fahrradputzen ein, Singles lernen sich beim Tandemfahren kennen, und der Fahrrad-Poetry-Slam mit verschiedenen Stationen verbindet Dichtkunst mit Radeln. Der ADFC beteiligt sich mit einer Fahrradsternfahrt. Seit 2014 zeigen dabei Hunderte von Radfahrern, teils mit auffällig geschmückten Drahteseln, bei einer Tour über die Hauptstraßen quer durch die Stadt ihre Präsenz.

Die Blaue Route soll der Anfang einer Reihe von Radel-Straßen sein. Dass dafür die beliebte Allee im Mittelteil der Strecke für die Radfahrer nun tabu ist, nehmen sie widerwillig hin. Der Sandweg zwischen den beiden Baumreihen gehört den Fußgängern.

Adresse Startpunkt: Marktplatz in Rheydt, Route über Bruckerallee, Richard-Wagner-Straße, Buscher Straße, August-Oster-Straße, Viktoriastraße zum Berliner Platz | ÖPNV Fahrrad empfehlenswert, mietbar an vielen Stationen in der Stadt; Bus 016, 019, Haltestelle Rheydt Markt; Bus 004, 006, 016, 019, 097, SB4, SB81, Haltstelle Rathaus Rheydt | Tipp Der schlanke Fischerturm mit den vier Uhren und einer Glaskuppel wurde 1928 von Stadtbaumeister Walter Fischer erbaut. Dass an ihm in den 1970er Jahren die Oberleitungen für die Busse befestigt waren, bewahrte ihn vor dem Abriss.

11 Der Bodenaustausch

»Was soll'n das sein?«

Das Ding stört das Gesamtbild. Es ist zwar praktisch quadratisch und passt damit formal in die geordneten Verhältnisse hier an der Peter-Nonnenmühlen-Allee. Aber zwischen den Villen und dem Grünzug irritiert der verzinkte Rahmen am Bordstein, der nach oben offen, aber vergittert ist. Darin: Dreck und ein paar Grasbüschel. Der Metallrahmen ist ziemlich verschrabbelt, nur ein paar Farbreste geben eine Ahnung davon, dass er mal sonnengelb war. »Bodenaustausch« sollte auf dem Schild am Rahmen stehen. Und darunter der Name des Künstlers Vaago Weiland. Aber auch das haben Hagel, Regen, Sonne, Sommerhitze und Winterfrost schon mit der Zeit weggefressen.

Die Erde, die hier in dem 20 mal 20 Zentimeter großen Quadrat liegt, hat der Künstler 2002 dem Niersufer entnommen. Einen Zentimeter tief hat er die Bodenprobe ausgehoben. Der Boden, der ursprünglich an dieser Stelle lag, ist in einem ebensolchen Rahmen am Niersufer eingesetzt worden. Ungefähr 250 Meter weiter liegt in dem Gehweg der Bettrather Straße noch so eine Platte. Insgesamt 100 Quadrate, deren Inhalt mit dem von 100 Quadraten am Niersufer ausgetauscht wurde. Wobei, mit den Jahren ist die eine oder andere Platte entfernt worden. Man muss sich manchmal auf die Suche machen, um die nächste zu finden.

Hier ist der Anfang eines Weges, der durch den Bunten Garten zur Kaiser-Friedrich-Halle, an der Stadtbibliothek vorbei, hinauf in die Altstadt und schließlich zum Fuße des Abteibergs führt. Nebenbei markieren die Platten den Verlauf der Skulpturenmeile mit Werken von Gladbacher Künstlern, darunter eine Lichtstele von Heinz Mack. Hinter Weilands Werk stehen philosophische Fragen: Wo ist realer Austausch möglich? Was ist, wenn man seine Wurzeln verliert? Wie geht es weiter? Beim Anblick der Platte an der Straße aber ist die erste Frage des Gladbachers in der Regel eine ganz andere: »Was soll'n das sein?«

Adresse Peter-Nonnemühlen-Allee auf Höhe Nr. 1, 41063 Mönchengladbach | **ÖPNV** Bus 005, 009, Haltestelle Hagelkreuzstraße; Bus 035, Haltestelle Schürenweg | **Tipp** Gegenüber liegen die Vogelvolieren, die in den 1970er Jahren gebaut wurden. Darin leben Wellen- und Nymphensittiche, Papageien, Diamanttäubchen, Kanarienvögel, Zwerghühner und andere Vogelarten.

12 Der Bökelberg

Die Orte der Fans

Schicke Häuser, gepflegte Gärten und der Geburtsort eines Mythos: Hier am Bökelberg, 61 Meter über Normalnull, beginnt die Borussengeschichte. Ab Herbst 2019 soll eine Infotafel mit angedeutetem Flutlichtmast daran erinnern. Wo heute viele Familien wohnen, fiebern damals bei ausverkauften Heimspielen knapp 34.500 Fans. Als die Kasse 1999 leer und das Stadion zu klein ist, als der Waschbeton-Bungalow nicht mehr zur Geschäftsstelle taugt, wagt man mit Hilfe der Stadt einen großen Schritt. 68,1 Millionen Euro kostet der Park, der heute noch Vorzeigecharakter beim Stadionbau hat. Der Verein aber zittert: Nehmen die Fans den neuen Ort an? Und ob. Bei jedem Spielauftakt erschallt trotzdem: »Samstagmittag geht es los, ins Stadion zum Bökelberg.«

Vom Berg in den Park. Hier trommeln heute die Ultras in der Nordkurve, schwenken ihre Riesenfahnen und singen: »Wir steh'n in den Kurven und feuern euch an!« Keine leeren Worte, im Fanblock ist nicht nur »Sottocultura« 90 Minuten lang in Aktion. Hier beginnt die Welle, werden Choreos wochenlang vorbereitet und Material dazu ausgelegt. Wenn das nicht gerade ein Putzteam diensteifrig wegräumt, wird der Park bei wichtigen Spielen zur großen Bühne.

Vom steilen oberen Rang bis zum Spielfeldrand – die Emotionen, die Energie und der Geräuschpegel sind selbst für Leute ein Erlebnis, die Fußball für überbewertet halten. Kein Geheimnis: Von den alteingesessenen Bundesligavereinen haben gerade die Gladbacher Fans ein außergewöhnlich enges Verhältnis zu ihrer Elf. Menschen aller gesellschaftlichen Gruppen und jeden Alters, Fans in Clubs von Burkina Faso bis Mexiko tragen die Raute im Herzen. In Gladbach können Babys in Kreißsälen im Borussia-Design entbunden werden, und für das Ende des Fanlebens reserviert der stilvolle Trostraum der Grabeskirche Rheydt Borussia-Ruheplätze.

Es gibt viele verschiedene Orte der Fans. Es gäbe keinen ohne den Bökelberg.

Adresse 41063 Mönchengladbach | ÖPNV Bus 015, 025, Haltestelle St. Elisabeth, dann etwa 6 Minuten zu Fuß den Hügel hoch | Tipp Im Wohngebiet sieht man noch den Hang, an dem einst die Haupttribüne stand. Von dort aus hat man einen schönen Blick auf das Areal und kann die Form und Lage des alten Stadions noch erahnen.

13_Borussia 8 Grad

Willkommen im Club

8 Grad und trotzdem warm ums Herz, eine Fohlenwelt ohne Pferde und ein Hotel, in dem Rasen- statt Meerblick das Größte ist: Seit 2011 spielt Borussia Mönchengladbach wieder stabil in der ersten Liga, seit 2019 gibt es den neuen Multifunktionsbau 8 Grad auf dem Vereinsgelände. Er ist ein Meilenstein für den VfL – und auch eine folgerichtige Investition in einer Zeit des hyperkommerzialisierten Sports. Allerdings nicht nur. Auf dem Gelände spürt man an den kleinen Details die Liebe zum Verein und zur Designqualität. Und das beginnt schon bei der Außenansicht.

Wie eine Hommage an die Raute neigt sich das silber verkleidete Gebäude zur Seite und erinnert deshalb gerade nicht an einen futuristischen Schuhkarton. Auf sieben Ebenen beherbergt es ein Hotel, den Medicalpark mit Fitnessoase, Praxen, die Büros der Geschäftsstelle, voll ausgestattete Apartments für junge Spieler, einen neuen Fanshop, das Vereinsarchiv und die interaktive FohlenWelt.

Neben anderen Vereinen hat nun also auch der VfL ein Museum. Der Mythos Borussia, zum Anfassen nah für junge und alte Fans, Kenner und Ahnungslose? Keine leichte Aufgabe, die sich mit Expertenhilfe lösen lässt: Fußballlegenden führen hier beispielsweise per Audio-Guides unter verschiedenen Blickwinkeln durch die FohlenWelt mit Exponaten aus bewegten Zeiten.

Fans, die eine Nacht im Dunstkreis des heiligen Rasens verbringen wollen, buchen ein Themenzimmer im ersten H4 Fußball-Hotel. Zu den ersten Gästen gehört hier auch ein Bayernfan. Er lobt das Retrodesign auf Waschbeton, telefoniert aber kurz vorm Schlafengehen doch mit der Rezeption. In Bettwäsche mit der Raute könne er einfach nicht schlafen.

Ein Stockwerk darüber öffnet ein Gladbacher die Tür – die Nacht im Europapokalzimmer ist das Geburtstagsgeschenk seiner Frau. Beim Blick auf Andrzej Juskowiaks Foto im Sprung und die Aussicht auf den Rasen weint er vor Rührung.

Adresse Borussia-Park, Hennes-Weisweiler-Allee 1, 41179 Mönchengladbach | **ÖPNV** Bus 17, Haltestelle vor dem Stadion, Shuttle an Spieltagen | **Tipp** Die Stadionwurst kann man auch im Warmen in der Sportsbar essen. Alternativ geht es bei schönem Wetter an Heimspieltagen in den riesigen Biergarten, den eine große, mit Kunstrasen gefüllte Raute in Pyramidenform besonders macht.

14 Die Brandts-Kapelle

Die Wiege der sozialen Gesetzgebung

Zwischen den funktionalen Gebäuden der Unternehmen an der Rudolfstraße scheint die kleine Kapelle aus der Zeit gefallen zu sein. Mit ihren reichen Verzierungen und den Heiligenfiguren hebt sie sich ab von den sachlichen Hallen der Logistik-Unternehmen, Einzelhandels- und Autohäuser. Aber passender könnte der Standort der Brandts-Kapelle kaum sein, denn sie ist das Symbol für die katholische Soziallehre in Deutschland, die zur Grundlage für die Sozialgesetzgebung wurde. Der heute so selbstverständliche Arbeitsschutz geht darauf zurück.

1896 lässt der Fabrikant Franz Brandts direkt neben seiner Fabrik die Kapelle bauen, um an seinen verstorbenen Sohn Rudolf zu erinnern. Bis heute ist die Kapelle fast im Originalzustand erhalten. Die Kacheln auf dem Boden und die Wände sind reich verziert, im Chorraum steht der kunstvolle Hochaltar. Da fällt der zweite, weitaus bescheidenere Altar davor erst gar nicht auf: eine Werkbank. Die Seite mit dem Schraubstock, an der gearbeitet wird, ist dem Kirchenraum zugewandt. Ein Hinweis darauf, dass es an diesem Ort um die Arbeiter, die »kleinen« Leute, geht.

Franz Brandts ist der erste Vorsitzende des alten Volksvereins, der Arbeiter in ihrer politischen und kulturellen Bildung fördert. In seinem Unternehmen werden moderne Reformen ausprobiert: Abschaffung der Kinderarbeit, Krankenversicherung, Arbeitsschutz. Vieles davon wird Grundlage späterer Sozialgesetze, die noch heute in Deutschland gelten.

2003 gründen die Steyler Missionsschwestern zusammen mit Pfarrer Edmund Erlemann den TaK, wie der benachbarte Treff am Kapellchen im Volksmund heißt. Die Ordensfrauen bieten hier vor allem Menschen in Armut eine Heimat und schaffen es, mit einem Kulturprogramm, das jedem offensteht, Menschen unterschiedlicher sozialer Schichten unbefangen zusammenzubringen. Die Kapelle wird zum geistlichen Zentrum des TaK.

Adresse Rudolfstraße 7, 41068 Mönchengladbach | ÖPNV Bus 015, 025, Haltestelle Waldhausener Höhe | Öffnungszeiten täglich 8–18 Uhr | Tipp Über einen kleinen Weg kommt man zur Gruft hinter der Kapelle, in der Franz Brandts und Pfarrer Edmund Erlemann, der Gründer des neuen Volksvereins und Initiator des TaK, begraben liegen. Auch an Verstorbene, die regelmäßig Gäste des TaK waren, wird hier mit Gedenksteinen erinnert.

15 Die Brauerei zum Stefanus

Im Keller gärt es

Das Festbier im Oktober hat die warme Farbe von Bernstein, schmeckt leicht herb und riecht ein wenig nach Südfrüchten. Das Weihnachts-Bockbier hat eine süßliche Note und kitzelt den Gaumen mit seinem cremigen Schaum. Ostern läuft das extraherbe Pils durch den Zapfhahn der Brauerei zum Stefanus, der einzigen Hausbrauerei in Mönchengladbach. Braumeister Michael Kolonko macht kein Bier von der Stange. Jedes hat seinen eigenen Charakter. Das gilt auch für die Standardsorten Helles, Dunkles und Weizenbier, die das ganze Jahr über ausgeschenkt werden. Hier kommt nur selbst gebrautes Bier in die Gläser. Die einzige Ausnahme: alkoholfreies Bier.

Von Anfang an wollen Michael Kolonko und seine Frau Pia eine traditionelle Wirtschaft in Mennrath führen, als sie die Gaststätte zum Stefanus 1999 übernehmen. So eine mit Stammtisch, an dem sich die Dorfältesten treffen, um über Gott und die Welt zu reden. Auf der Karte stehen Gerichte, die an die eigene Kindheit erinnern: dicke Bohnen mit Speck, Brathähnchen, Rindsroulade mit Apfelkompott und Rheinischer Sauerbraten mit Klößen. Ihre Gäste sollen sich wie zu Hause fühlen. Das klappt, den Gastraum haben die Gäste quasi selbst eingerichtet. Die zwei Klaviere, die die Theke mit den Sudkesseln flankieren, die alten Nähmaschinen und Krüge, die Reklameschilder und viele Fotos: Das alles haben sie Kolonko gebracht. Der Brauer sieht es als Dauerleihgabe.

An Brautagen fängt er um 6 Uhr morgens damit an, den Sudkessel aufzuheizen, gegen 18 Uhr ist er mit der Sudhaus-Arbeit fertig. Der Geruch der Würze hängt noch in der Luft, wenn die ersten Gäste kommen. Während in der Wirtschaft das frische Bier auf die Tische kommt, gärt im Keller der Nachschub. Wann es die Spezialbiere gibt, wissen die meisten seiner Gäste und fragen danach. Es läuft genau so, wie sich Kolonko das 1999 vorgestellt hat – auch beim Bier.

Adresse Mennrath 59, 41179 Mönchengladbach-Mennrath | **ÖPNV** Bus 026, 027, Haltestelle Mennrath Sportplatz | **Öffnungszeiten** Di–So ab 17 Uhr | **Tipp** Gleich gegenüber der Brauerei liegt das Naturstadion Mennrather Kull, die Heimat des Fußballvereins Victoria Mennrath 1921. Seinen Namen verdankt das Stadion seiner Lage in einer Kuhle. Zu Pokalspielen und zum Saisonauftakt kommen auch Mannschaften von Vereinen wie Borussia Mönchengladbach oder Rot-Weiß Essen nach Mennrath.

16 Die Brücken am Schloss

Sechs Mal übers Wasser gehen

Das Wasser kräuselt sich glitzernd, Schäfchenwolken ziehen am Himmel, ein Blumenmeer aus Iris, Vergissmeinnicht und Knöterich blüht still vor sich hin: Zeit für einen Brückenbummel auf der Schlossanlage Wickrath in der Niersaue. Das Flussbett der Niers lässt Graf von Quadt hier für ihren Bau verlegen und leitet zwischen 1855 und 1887 zur Entlastung des Flusses einen Seitenarm durch den Garten. Woher der Name Karotte für diesen barocken Graben kommt, ist rätselhaft. Vielleicht spielt er auf das Lieblingsfutter der Hengste an, die auf dem Schloss schon zu Zeiten Napoleons zu Hause sind.

Wie auch immer: Die Karotte verwildert, bis sie bei der historischen Rekonstruktion des Parks mit Blickachse zwischen Haupt- und Vorinsel wieder freigelegt wird. Weil das NRW-Dauerthema »marode Brücken« auch am Schloss nicht haltmacht, wird – anlässlich der Landesgartenschau 2002 – die Tragfähigkeit einiger Brücken in einer aufwendigen Sanierung erhöht.

Startet man jetzt am nördlichen Zugang zur Vorburg, geht es erst über die Niersbrücke und dann über die Pferdekopfbrücke. Sie führt über den Schlossweiher und ist, wie es ihr Name verspricht, bestückt mit zwei Rossskulpturen in den Torpfeilern. Die Brüstungen sind zum Schutz der Reiter besonders hoch.

Das nächste Baudenkmal ist die Karotte- oder Fünfbogenbrücke und ein Werk der Gebrüder Soiron. Sie verbindet die Vor- mit der Hauptburg und ist mit Sphinx, Putten und Fruchtkörben dekoriert. Bei den Sanierungsmaßnahmen finden die Archäologen hier Hinweise auf eine Vorgängerbrücke, die aus dem Jahr 1322 stammt. Weiter geht es im Süden über die Kronenbrücke, die Flutgrabenbrücke und eine namenlose Brücke im südöstlichen Park, der in seiner Form der fünfeckigen Grafenkrone der Quadts in seinem Grundriss im Rheinland einzigartig ist. So besonders wie jede der sechs Brücken rund um das Wickrather Schloss.

Adresse Schloss Wickrath 7, 41189 Mönchengladbach-Wickrath | ÖPNV Bus 006, 026, Haltestelle Trompeterallee, Fußweg 6 Minuten zum Schloss | Tipp Für Hunde mit und ohne königlichen Stammbaum gibt es eine etwas versteckt liegende Freilauffläche hinter dem Wickrather Schlosspark am Neukircher Weg.

17 Der Brunnenhof

Ein Garten in Wartestellung

Seinen Charme hat der Brunnenhof behalten. Obwohl er so zugewachsen ist, die Baumwurzeln die Bodenplatten anheben und aus den Hohlräumen Gras wächst. Auch in die Fugen der Brunnenmauer haben sich Setzlinge eingesät, die entfernt werden, wenn sie einer zufällig entdeckt. Denn der Brunnenhof ist verschlossen. Nur wenige Menschen haben einen Schlüssel. Allen anderen bleibt vorerst die Aussicht durch das Gittertor an der Abteistraße. Von hier aus ist der Brunnen zwar von dicht gewachsenen Sträuchern verdeckt. Aber man kann die Mauer zum Rathaus Abtei und ein Stück des Münsters sehen, die den Innenhof zusammen mit dem Gebäude zur Abteistraße umschließen.

Vom Innenhof des Rathauses Abtei nebenan ist der Brunnen sichtbar. Ein Quergebäude trennt die beiden Höfe, die früher Teil der Abtei waren. Die Durchgänge, die beide Höfe miteinander verbinden, sind bis heute erhalten geblieben. Sie sieht man auch, wenn man von der Abteistraße in den Brunnenhof schaut. Rechts liegt die Wand zum Rathaus, geradeaus das Münster.

Als die Abtei noch bewohnt ist, wird der Brunnen täglich benutzt. Die Mönche waschen sich hier ihre Köpfe und Hände. Später zieht die Bischöfliche Akademie in das zur Abteistraße gelegene Gebäude. Nicht immer war der Hof so zugewachsen. Bis Anfang der 2000er Jahre ist der Brunnen mit seinem Dach und der alten Seilwinde das Schmuckstück eines gepflegten Gartens. So soll es wieder werden. Die Pläne für eine Neugestaltung des Brunnenhofs liegen bereits in der Schublade. Mitten in der Stadt soll der Innenhof für jeden geöffnet werden. Vier Zugänge sehen die Pläne vor – einen in jeder Himmelsrichtung. Damit wäre es möglich, vom Fuß des Abteibergs durch mehrere Parks bis hinauf zu gehen. Fast so wie zu Zeiten der Mönche, die hier gelebt haben. Das Gittertor an der Abteistraße stände dann jedem zum Eintritt in den Garten offen. Der Brunnenhof ist in Wartestellung.

Adresse Abteistraße 43–45, 41061 Mönchengladbach | **ÖPNV** Bus 003, 007, 013, 023, 033, Haltestelle Grünewald, oder Bus 003, 007, 008, 009, 010, 013, 019, 023, 033, Haltestelle Alter Markt oder Kapuzinerplatz | **Öffnungszeiten** Brunnenhof von der Abteistraße aus durch ein Gittertor jederzeit sichtbar | **Tipp** Das Rathaus Abtei liegt gleich nebenan und lohnt einen Besuch. In dem Gebäude war früher die Abtswohnung der Benediktinerabtei untergebracht. Abt Bruno Charmanns hat das Gebäude mit seinem auffälligen Barockportal 1663 bauen lassen.

18 Der Burgturm Odenkirchen

Auf trockenem Grund

Eine goldene Burg mit drei hohen Türmen, von Wasser umgeben, zeigt das Wappen von Odenkirchen. Beim Burgturm in Odenkirchen erlaubt es den direkten Vergleich von Vergangenheit und Gegenwart. Das Wasser ist noch da, die Niers fließt in der Nähe des Burgturms vorbei. Golden ist er allerdings nicht und eigentlich auch kein richtiger Turm, dafür fehlen ein paar Höhenmeter. Von der früheren Burganlage ist nur noch das Torhaus der Nordseite übrig. Seinen Turm-Status behält der Burgturm dennoch.

Wenn man vor dem weißen Gebäude steht, scheint es, als sei es in einer leichten Schieflage. Das ist eine optische Täuschung. Der Grund, auf dem das Bauwerk aus dem 18. Jahrhundert steht, steigt hier etwas an – ein Rest der Motte, einer Erdaufschüttung, die im 12. Jahrhundert errichtet wird, um die Burg in dem sumpfigen Gebiet in Odenkirchen auf trockenen Grund zu bauen. Der Turm ist die letzte sichtbare Erinnerung an die Anlage, die hier einst stand. Archäologische Untersuchungen ergeben, dass sich unter dem Parkplatz und dem kleinen Park vor dem Turm noch Fundamente und Reste der Burg befinden. Am Pflastersteinweg zum Burgtor erinnert eine Gedenktafel an Jan von Werth, einen der bekanntesten Reitergeneräle im Dreißigjährigen Krieg. Von 1643 bis zu seinem Tod 1652 ist er Burggraf. Ob er die Burg jemals bewohnt hat, ist nicht bekannt. Der Turm wird erst nach seiner Zeit 1734 gebaut – gut 30 Jahre nach dem großen Brand in Odenkirchen, der die Burg zerstört. Auch wenn man die Zeit konserviert, bleibt sie nicht stehen. An der Mauer, in die Fundstücke der historischen Burg eingefügt sind, führt eine moderne Stahlrampe in den benachbarten Garten. Burggrafen gibt es heute noch: Seit 1969 verleiht die Karnevalsgesellschaft Ruet-Wiss Okerke den Ehrentitel an Menschen, die sich für Odenkirchen in besonderer Weise einsetzen.

Adresse Burgstraße 18, 41199 Mönchengladbach | **ÖPNV** Bus 002, 026, 022, 027, 097, Haltestelle Laurentius-Kirche | **Öffnungszeiten** Di, Fr 10–12 Uhr und vereinbar unter Tel. 02166/603980 | **Tipp** Nicht weit vom Burgturm ist der größte Mammutbaum in Mönchengladbach gewachsen. Das etwa 100 Jahre alte Naturdenkmal ist 34 Meter hoch und steht in der Nähe des Niers-Fußweges an der Hoemenstraße 32.

19_Das Café Ö

Dem Bio-Bäcker auf die Finger sehen

Der Teig wird geknetet, in der Luft schwungvoll gedreht, auf den Tisch gehauen und wieder geknetet. Durch die Fensterscheibe kann man von der Straße direkt in die Backstube gucken und Hans Oehmen dabei zusehen, wie er Brotlaibe formt, Teilchen in den Ofen schiebt und Kuchen backt. Um Passanten die Scheu zu nehmen, ihm genauer auf die bemehlten Finger zu schauen, hat er auf das Fensterglas die Zeichnung zweier neugieriger Kinder aufbringen lassen. Wie Max und Moritz ziehen sie sich an einer imaginären Brüstung hoch, um in die Backstube zu lugen.

Die Gasse zwischen Alter Markt und Viersener Straße, in der das Café Ö liegt, wirkt reizlos: graue Hausfassaden, ein Parkhaus. Selbst das Kopfsteinpflaster kann der Straße keinen Charme geben. Nur ein grünes Schild sticht als Farbtupfer heraus: »Bist Du durstig und geschafft, trink Dir einen Apfelsaft«, rät es in eigenwilliger niederrheinischer Grammatik. Der Apfelsaft ist in bester Bio-Qualität, wie alles im Café Ö. Wenn es die Außentemperaturen zulassen, öffnet Hans Oehmen die Tür zur Backstube. Der Duft von frischem Kuchen, Plätzchen und Mangoldtarte zieht durch die Gasse. Durch die offene Tür hat man einen freien Blick auf das Geschehen. Auch für einen kleinen Plausch nimmt sich der Bäckermeister Zeit, wenn es die Arbeit erlaubt. Ganz hinein kommt man nicht: Ein kniehohes Brett verhindert den Zugang.

Hans Oehmen ist einer der wenigen Bäcker in Mönchengladbach, die noch in reiner Handarbeit herstellen. 1956 haben seine Eltern den Betrieb gegründet, der Sohn übernimmt 1994. Auf seinen Lehr- und Wanderjahren lernt er in der Schweiz das Konzept der Vollkornbäckereien kennen, das er gleich nach Mönchengladbach importiert. Trotz des Bio-Booms in den vergangenen Jahren ist er bis heute der erste und einzige Bäcker in der Stadt, der ausschließlich mit Zutaten aus kontrolliert biologischem Anbau backt. Ein Großteil des verwendeten Korns stammt vom Lenßenhof.

Adresse Marktstiege 8, 41061 Mönchengladbach | **ÖPNV** Bus 003, 007, 008, 009, 010, 013, 019, 023, 033, Haltestelle Alter Markt oder Viersener Straße | **Öffnungszeiten** Di–Fr 7–18.30 Uhr, Sa 7–14 Uhr, So und Mo geschlossen | **Tipp** Schräg gegenüber dem Café Ö befindet sich das Wichernhaus, das 1878 als »Katechisierhaus« der evangelischen Gemeinde erbaut wurde. Noch heute ist sie in dem dunkelroten Ziegelhaus beheimatet. Eine Tafel erinnert an den Theologen Johann Hinrich Wichern, nach dem das Haus benannt ist.

20 Der Campanile

Der royale Glockenturm

Zum 150. Jubiläum der evangelischen Christuskirche in Mönchengladbach klingt das Glockengeläut etwas dünn. 26 Jahre ist es her, dass die zwei großen Stahlglocken stillgelegt werden mussten. Im Mauerwerk des Campanile, des Glockenturms neben der Kirche, waren Risse festgestellt worden. Der Schwung von 2.791 Kilogramm Stahl, wenn alle Glocken läuteten, hatte seine Spuren hinterlassen. Dabei haben die Gemeindemitglieder sogar zur Flasche gegriffen, um das Geld für die Sanierung und neue Glocken zusammenzubekommen. In nur einem Monat werden 1.000 Flaschen des Sekts »Gladbacher Glockenklang« verkauft. Auch die beiden Folge-Editionen »Grundstein-Tröpfchen« und »Serenaden-Schluck« finden schnell Abnehmer. Doch die erforderliche Summe für die vier neuen Bronzeglocken kommt nicht zusammen – bis die Kirchengemeinde eine Erbschaft macht.

Seit dem 22. Oktober 2000 klingt der warme Glockenton der Bronzeglocken über den Kapuzinerplatz. In Italien sind Campanili ein häufiger Anblick. In Mönchengladbach gibt es nur einen solchen Glockenturm. Dafür hat der preußische König Friedrich Wilhelm IV. persönlich gesorgt. Als die evangelische Gemeinde die Baupläne für ihre erste Kirche innerhalb der Stadtmauern dem regierenden Architekten in Berlin vorstellt, fällt auf, dass nur eine kleine Glocke vorgesehen ist. Das gefällt dem König gar nicht. Der Kunstliebhaber besteht auf dem Bau eines Glockenturms nach italienischem Vorbild und sichert der Gemeinde die Finanzierung zu. Zur Grundsteinlegung am 8. August 1845 reist er persönlich an. Es bleibt der einzige Besuch seiner Majestät in der Stadt.

Beide Weltkriege übersteht der Campanile fast unbeschädigt. Die ersten Bronzeglocken müssen 1917 zu Kriegszwecken abgegeben werden und werden 1920 durch die Stahlglocken ersetzt. Deren Ton wird mit den Jahren immer stumpfer. Der Ton der neuen Bronzeglocken ist wieder voller Klangfarben.

Adresse Christuskirche, Kapuzinerplatz, 41061 Mönchengladbach | **ÖPNV** Bus 003, 007, 013, 023, 033, Haltestelle Grünewald oder Bus 003, 007, 008, 009, 010, 013, 019, 023, 033, Haltestelle Alter Markt oder Kapuzinerplatz | **Öffnungszeiten** nur von außen zu besichtigen | **Tipp** Nur drei Minuten Gehweg dauert es zu den Eisdealern in der Sandradstraße. Von Mai bis Oktober bieten sie täglich sechs selbstgemachte Sorten Eis an, dazu sollte man unbedingt auch die Waffelhörnchen essen, die frisch gebacken werden.

21 Christoffels Geburtshaus

Der Missionar aus der Mühlenstraße

Zwischen dem kleinen dunkelroten Ziegelhaus und den dreieinhalb Etagen des rosa Doppelhauses sieht es aus, als müsse das Haus mit der Nummer 217 seinen Platz behaupten. Trotz seiner weißen Verzierungen wirkt es unscheinbar, die Farbe der Fassade ist schwer zu definieren: nicht grau, nicht grün, nicht gelb – irgendetwas dazwischen. Die Plakette am Erdgeschoss weist das Haus als das Geburtshaus von Ernst Christoffel, dem Begründer der Christoffel Blindenmission, aus. Zusammen mit vier Schwestern und vier Brüdern wächst er hier auf. Direkt neben der Klempnerwerkstatt seines Vaters, die sich im Nebenhaus befindet. Viele Jahre ist ein Werkstattschild über dem Tor der einzige Hinweis auf den Missionar.

Die Mühlenstraße ist heute in diesem Abschnitt eine ruhige Nebenstraße, weit weg von der Innenstadt. Als Ernst Christoffel am 4. September 1876 hier geboren wird, ist sie selbst ein Zentrum. Sie läuft immer noch direkt auf den Geneickener Bahnhof zu. Züge halten dort nicht mehr. Anfang des 20. Jahrhunderts aber kommen dort die Missionare an, die bei seinen Eltern zu Gast sind und von den Ländern erzählen, in denen sie arbeiten. Das beeindruckt den jungen Mann, der später in Basel eine Predigerschule besucht. Als er 1904 von einer Schweizer Organisation das Angebot bekommt, die Leitung zweier Waisenhäuser zu übernehmen, zieht er mit seiner Schwester Hedwig in die Türkei. Dort gründet er die Blindenfürsorge, um blinden Menschen und Behinderten aus der Armut zu helfen. Er ermöglicht ihnen eine Ausbildung und schafft Neuerungen wie Duftgärten. Das Geld dafür bekommt er von alten Freunden in Deutschland und der Schweiz. Immer wieder besucht er sie, um über seine Arbeit zu berichten. Zweimal muss er erleben, dass sein Werk in der Türkei und in Persien durch Krieg zerstört wird. Im Iran baut er es wieder auf – zuletzt im Alter von 75 Jahren.

Adresse Mühlenstraße 217, 41236 Mönchengladbach-Geneicken | **ÖPNV** Bus 004, 006, SB81, Haltestelle Geneickener Bahnhof | **Öffnungszeiten** nur von außen zu besichtigen | **Tipp** Nur fünf Gehminuten entfernt ist der evangelische Friedhof an der Friedhofstraße mit einem beeindruckenden Eingangstor. Auf dem 1822 gegründeten Friedhof befinden sich auch viele Familiengräber bekannter Rheydter Unternehmerfamilien, die das Leben in der Stadt geprägt haben.

22 Die ehemalige Stadtgrenze

Die ver-rückten Straßenschilder

Zwei Hauptbahnhöfe, zwei Stadtzentren, zwei Rathäuser, zwei Telefonvorwahlen: In Deutschland gibt es keine andere Stadt, die so viele zentrale Orte in doppelter Ausführung hat. Bis 1975 waren Mönchengladbach und Rheydt getrennte Städte. Mit der Fusion wird Rheydt zu einem Stadtteil von Mönchengladbach. Das gefällt einigen Rheydtern gar nicht. Sie protestieren und versuchen bis 1987, die bereits in Kraft getretene und vollzogene Zusammenlegung der Städte, die auch Wickrath einbezog, rückgängig zu machen. Die Landesregierung bestätigt schließlich, dass die Fusion rechtens ist. Damit ist die Diskussion vom Tisch. Zumindest offiziell.

Die Ortsschilder, die die Grenze zwischen Mönchengladbach und Rheydt einst markierten, sind längst aus dem Stadtbild verschwunden. Aber immer noch gibt es Anzeichen für den Grenzverlauf. Die ver-rückten Straßenschilder am Übergang von der Bruckneralle zur Richard-Wagner-Straße zum Beispiel. Die stehen nicht am Kreisverkehr, wo sich die beiden Straßen mit der Breite Straße kreuzen. Erst drei Häuser weiter steht vor der Nummer 232 der Pfahl, auf dem das Schild Richtung Süden die Bruckneralle ausweist. Nach Norden verläuft die Straße als Richard-Wagner-Straße weiter. Die Stadtgrenze ging hier mitten durch einen Wohnkomplex. Die Nachbarn links wohnen in Mönchengladbach, die rechts in Rheydt an der Bruckneralle. Die trennende Hauswand ist die Grenze.

Auch über 40 Jahre nach der Städte-Fusion schimmert die Rivalität immer wieder durch. 2016 scheitert der Versuch von Rheydtern, ein eigenes KFZ-Kennzeichen zu bekommen. Einmal im Jahr sind alle Querelen vergessen: Am dritten August-Wochenende feiern Mönchengladbacher und Rheydter das Eine-Stadt-Fest. Für ein Wochenende steht ein gelbes Ortsschild in Höhe des ver-rückten Straßenschilds und markiert die ehemalige Stadtgrenze.

Adresse Richard-Wagner-Straße 139, 41065 Mönchengladbach/Brucknerallee 232, 41236 MG-Rheydt | ÖPNV Bus 019, Haltestelle Breite Straße | Tipp Unter www.landkartenarchiv.de kann man sich eine alte Stadtkarte von 1963 ansehen, in der die Stadtgrenze eingezeichnet ist. Der Verlauf eignet sich für eine abwechslungsreiche Fahrradtour.

23 Elly’s Bikertreff

Beste Aussicht auf schwere Maschinen

Für Nicht-Biker ist es schwer verständlich, warum man zu einem grauen Parkplatz fahren sollte, um dort bei bestem Wetter ein alkoholfreies Bier zu trinken und dazu eine Portion Pommes mit Frikadelle zu essen. Zumal in der Saison täglich Hunderte Autos und Motorräder auf der nahe gelegenen Landstraße vorbeifahren. Aber nirgends hat man dazu so einen Blick auf glänzende Maschinen wie hier: das relativ leichte Anfänger-Bike, die Rennmaschine, die Kult-Harley und imposante Trikes, die aussehen, als hätte jemand seinen Lieblingssessel auf drei Räder mit Motor gebaut. Und dann ist da noch Elly, die diesem Platz ihren Namen und ihr Herz gibt. Es dauert nur fünf Minuten, bis man in die Wirtin von Elly’s Bikertreff verliebt ist.

Elly liegen ihre Biker am Herzen, und das spürt man. Keiner verabschiedet sich hier, ohne dass sie ein liebevolles »Passt auf euch auf!« mit auf den Weg gibt. Wer Hilfe braucht, bekommt sie von den Bikern mit sozialem Herz. Schilder und Bilder im Gastraum erinnern daran, wie die Männer und Frauen schwer kranke Kinder mit auf eine Tour genommen oder Spendenaktionen organisiert haben. »Das ist wie eine große Familie. Wenn wat is, dann helfen die dir. Ach, dat is herrlich«, sagt Elly über ihre Biker. Sie selbst erlebt es 2012, als sie für ihren Bikertreff Hilfe braucht. Mit der Unterstützung ihrer Stammgäste kommt frischer Wind in die Gaststube. Die Biker renovieren den Gastraum.

Dessen Deko spiegelt die Leidenschaft der Gäste wider: Die glänzende Abdeckung eines Krümmers, eines Teils der Abgasanlage, ist nun Rahmen für eine Orchidee am Fenster. Über dem Tresen hängen Auspuffrohre, und ein ausgedienter Schutzhelm hat ein neues Leben als Lampe. Dauergast am Tresen ist die Comic-Figur Werner, die direkt vor der Bölkstoff-Zapfanlage ihren Stammplatz hat – mit Aussicht auf die Straße, auf der die Biker auf ihren Maschinen zu Elly fahren.

Adresse Schriefersmühle 25, 41179 Mönchengladbach | **ÖPNV** Bus 017, SB81, Haltestelle Schriefersmühle; Anfahrt: mit Motorrad, PKW oder Fahrrad über die B57 (Fahrradweg vorhanden) | **Öffnungszeiten** Mi–So 9–22 Uhr | **Tipp** Direkt neben Elly's Bikertreff befindet sich die Schriefersmühle, die 1747 erbaut wurde. In den vergangenen Jahren wurde die Windmühle durch private Initiative restauriert. Sie wird für kulturpädagogische Veranstaltungen für Kinder und Erwachsene genutzt.

24 Die Erlebnisbrücke

Auf Napoleons Spuren

Die Niers kriecht träge durch ihr Flussbett. Hier am äußersten Nordostzipfel der Stadt scheint es, als wolle sie es Grenzgängern leicht machen, sie einfach zu durchqueren. Das rechte Ufer des Flusses gehört zu Willich im Rhein-Kreis Neuss, das linke liegt auf Mönchengladbacher Stadtgebiet. In unregelmäßigen Abständen überwinden Brücken das Wasser, über die man einfach rübergehen kann. Bei der Erlebnisbrücke ist das anders. Wer in ihrem Transportkorb ans andere Ufer wechseln will, braucht vor allem seine Muskelkraft.

Der Korb hängt an einer Stahlschiene über dem Wasser und einem Seil, das über zwei Winden an jedem Ufer gespannt ist. Um überzusetzen, zieht man den Korb mit dem Seil ans andere Ufer. Vorbilder für diese Konstruktion sind Brücken, wie sie ab 1800 genutzt werden. Anfang des 19. Jahrhunderts will Napoleon Bonaparte den »Grand Canal du Nord« bauen, um den Rhein mit der Maas und weiter die Maas mit der Schelde zu verbinden. So soll eine Wasserstraße von Antwerpen bis nach Neuss entstehen. Napoelon will mit dem Kanal die Niederlande von dem Handel im Rheinland abschneiden. Mit Zugbrücken und Fähren soll die Wasserstraße überquert werden. Nachdem er das Königreich Holland erobert hat, ändert Napoleon seine Pläne und bricht die Bauarbeiten einfach ab.

Die Fietsallee, ein Fahrradweg zwischen Neuss und Nederweert, bildet über 100 Kilometer den geplanten Verlauf des Kanals im Wesentlichen ab. 2003 wird sie im Rahmen eines grenzüberschreitenden Kulturprojekts angelegt. Auch die Erlebnisbrücke ist Teil davon. Sie liegt an der Stelle, an der die Trasse die Niers hätte kreuzen sollen. Den geplanten Kanal bilden in der Nähe 300 Schwarzerlen in zwei quadratischen Waldstücken nach. In der Fahrradsaison kann es an der Brücke schon mal zu kleinen Staus kommen. Besonders Kinder lieben die Brücke und schweben in dem Korb oft mehrmals über den Fluss.

Adresse Nordkanal, 41066 Mönchengladbach/Grenzweg, 47877 Willich | ÖPNV Bus 015, Haltestelle Grunewaldstraße, von dort etwa 15 Minuten Fußweg zur Erlebnisbrücke, Niersbrücke etwa 300 Meter flussabwärts | Tipp Nicht weit entfernt liegt die Honschaft Donk. 1333 entstand sie mit einem Bauernhof, den ein Mann namens Giso vom Neuwerker Kloster zugesprochen bekam. Das Viertel ist nach dessen Sohn benannt: Mackes Hütte.

25 Die Feinbäckerei Esser

Im Keks-Paradies

Die Vorfreude macht sich schon weit vor dem Ortseingangsschild »Buchholz« in jeder Faser des Körpers breit. Es geht in die Keksfabrik. Das ist ein uralter Kindertraum, und wer die Kunden im Verkaufsraum der Plätzchenfabrik Esser beobachtet, stellt fest, dass nicht nur Kinder diesen Traum haben. Die Gewissheit, hier im Paradies angekommen zu sein, spiegelt sich auch in Gesichtern wider, in die die Zeit die eine oder andere Falte gezeichnet hat.

Seit 2015 hat Familie Esser der Plätzchenwelt einen neuen Raum gegeben und eine ehemalige Gaststätte zu einem Verkaufsraum mit Café umgebaut. Hier stapeln sich, fein eingepackt in Tüten, die knusprigen Köstlichkeiten auf Tischen und in Regalen: Spritzgebäck, Vanillekipferl, Johannisbeertörtchen, Bärentatzen, Schlotfeger, belgische Butterwaffeln und gefüllte Waffeln, Erdnussberge und Müsliplätzchen mit und ohne Schokolade. Dazwischen stehen Maschinen, mit denen früher Plätzchen geformt wurden.

Im Sommer kann man seinen Lieblingskeks mit einem Kaffee auf der Terrasse genießen. Inklusive des freien Ausblicks auf die Fabrik. Wenn jemand die Tür zu den Produktionshallen öffnet, strömt das feine Aroma frisch gebackener Plätzchen herüber und regt die Phantasie an. Denn hinter den Mauern befinden sich die Zutaten: Mandeln aus Kalifornien, Walnüsse, Marzipan und Fruchtkonfitüre, Nougat, Schokolade, Honig und Erdnüsse. Wenn einer der Bäcker einen neuen Teig vorbereitet, werden in der übergroßen Rührschüssel 200 Kilogramm hergestellt. Pro Jahr werden rund 300 Tonnen Mehl in Keksen verarbeitet.

1969 gründet Jürgen Esser die Plätzchenfabrik, in deren offiziellem Namen der Zusatz »Konfekt und Feingebäck« steht. In den ersten Jahren werden die Plätzchen aus dem Fenster der Produktionshalle heraus verkauft, wenn jemand vorbeikommt und einen Beutel haben möchte. Bis das Keks-Paradies in seiner vollen Größe steht, baut er vier Mal an.

Adresse Laurentiusstraße 55–57, 41189 Mönchengladbach-Buchholz | ÖPNV Bus 016, Haltestelle Laurentiusstraße | Öffnungszeiten Mo–Fr 8–18 Uhr, Sa 8–16 Uhr, Rosenmontag und Veilchendienstag geschlossen | Tipp Schräg gegenüber der Plätzchenfabrik liegt der Mewes-Hof, ein 1732 erbauter Vierkanthof, der seit 2012 wieder bewohnt ist. Der Hof wurde mit Materialien und Bautechniken saniert, wie sie vor 200 Jahren genutzt wurden.

26 Der Finkenberger Bruch

Das bedrohte Sumpfgebiet

Kühe auf einer Weide sind in der Region rund um die Stadt ein seltener Anblick geworden. Die Zahl der Bauernhöfe hat sich auch hier reduziert, und die, die noch existieren, haben oft die Viehhaltung aufgegeben. In den Auen zum Finkenwerder Bruch aber kann man noch Kühe grasen sehen. An den Weiden vorbei führt ein Weg mitten in die Natur hinein, die wie so viele andere Naherholungsgebiete gar nicht mehr so natürlich ist. Im Finkenberger Bruch spürt der Laie die Auswirkungen des Tagebaus am ganzen Körper.

Wer in der Nähe der Versickerungsbrunnen ruhig auf einem der Waldwege stehen bleibt, fühlt das leichte Vibrieren des Bodens, das die darunter rauschenden Wassermassen verursachen. Trotzdem droht das Feuchtgebiet auszutrocknen, wenn der Tagebau näher rückt. Das kann ein weiteres Absinken des Grundwasserspiegels zur Folge haben. Gleich neben den Lebensräumen von Molchen und Fröschen an der Niers und in kleinen Teichen stößt man auf die Versickerungsschlitze. Die Betonplatten mit einem pilzähnlichen Metallaufbau sind entlang der Wege in den Boden eingelassen. Darunter liegt ein komplexes Rohrleitungssystem, durch das permanent Wasser in den Boden gepumpt wird, um das Feuchtgebiet zu erhalten. Rund sechs Millionen Kubikmeter sind es pro Jahr, damit der Wasserstand der Niers gehalten werden kann. Über den kleinen Metallpilz wird die Anlage belüftet.

Noch sprudelt das Wasser wie eine Quelle in die Niers. Der bis dahin schnurgerade geführte Fluss wurde 2008 renaturiert. Seitdem schlängelt er sich wieder in unregelmäßigen Kurven durch den Wald. Mit Baumstämmen wird er an einigen Stellen beruhigt, sodass sich dort Fische sammeln und Vögel nisten können. Gleichzeitig dient der neue Flusslauf dem Hochwasserschutz. Das Wasser fließt nun langsamer, bei Starkregen nehmen die Auen das Wasser auf, damit es in die Natur strömt, wo es gebraucht wird, und nicht in die Keller der Anwohner.

Adresse Berger Dorfstraße, 41189 Mönchengladbach-Wickrathberg | **ÖPNV** Bus 006, 016, Haltestelle Hochneukircher Weg | **Tipp** Ganz in der Nähe des Finkenberger Bruchs liegt der Finkenberger Hof, der freitags die Marktschwärmerei betreibt. Produkte verschiedener landwirtschaftlicher Betriebe können online bestellt werden und freitags von 16 bis 17.30 Uhr abgeholt werden (Berger Dorfstraße 63).

27 Die Flachskuhlen

Die Krater im Wald

Wenn der Wind von Südwest kommt, streicht er über den aufgeschichteten Misthaufen auf dem Hof der Honschaft Viehstraße und weht über die Weiden, auf denen Rinder und Kühe grasen. Auf seinem Weg sammelt er den Geruch von Kuhdung ein und transportiert ihn über die Viehstraße in das Landschaftsschutzgebiet Richtung Dorthausen. Man bekommt dann eine leise Ahnung, wie es hier gerochen haben mag, als in dem Waldstück noch Flachs geröstet wurde. Denn mit feinen Röstaromen beim Braten hat der Geruch des Flachsröstens nichts zu tun.

In den Kuhlen jenseits des Weges sammeln sich herabfallende Blätter, in anderen steht nach einem Regen das Wasser. Ungewöhnlich ist das in einem Wald nicht. Auffallend sind ihre Zahl und die Gleichmäßigkeit, die darauf hinweisen, dass die Vertiefungen keine Naturerscheinung sind. Diese Kraterlandschaft wurde von Menschenhand ausgehoben. Bis ins späte 19. Jahrhundert weichen Flachsbauern nach der Leinsamenernte die Pflanzenstängel des Flachses darin ein und lassen sie langsam verrotten, also rösten. Ungefähr zwei Wochen liegen die Stängel in der Wassergrube. Während sich die für die Garnproduktion wertvollen Fasern lösen, wird der Gestank mit jedem Tag intensiver. Den Geruch mögen die Menschen schon im Mittelalter nicht direkt vor ihrer Haustür haben und heben die Gruben deshalb in einiger Entfernung im Wald aus.

Kommt man von Dorthausen, weist der Straßenname »An den Flachsgruben« auf das Vorleben dieses Ortes hin. Geröstet wird in den 107 Gruben schon lange nicht mehr. Einige sind ausgetrocknet. Ein Teil ist zum Naturschutzgebiet mit Biotopen geworden. Amphibien, Libellen und Molche beleben die Gruben, die im Schatten der Bäume auch in den Sommermonaten feucht bleiben. Im Herbst und Winter riecht es hier nach feuchter Erde und Blättern, im Frühjahr und Sommer nach frischem Grün. Wenn der Wind von Südwest kommt, mischt sich Kuhdung-Aroma bei.

Adresse Honschaft Viehstraße, 41179 Mönchengladbach/An den Flachsgruben, 41179 Mönchengladbach-Dorthausen | ÖPNV Bus 007, 017, 025, Haltestelle Kothausen, von dort etwa 20 Minuten Fußweg über die Viehstraße; Bus 007, 017, Haltestelle Dahlener Heide (Dorthausen), von dort etwa 15 Minuten Fußweg über die Dahlener Heide, vierte Straße rechts | Tipp Von den Flachskuhlen führt ein Waldweg zum Bodendenkmal Viehleite. Noch heute sind die Wälle aus dem frühen 16. Jahrhundert zu erkennen, mit denen die Tiere daran gehindert wurden, den Weg zu verlassen und auf die Äcker zu gehen.

28 Der Galgenberg

Ein Naturdenkmal mit Weitblick

Es ist ein Idyll, wie man es sich schöner nicht ausdenken könnte: Hirsche springen ab und zu über die Wiesen, Igel, Hase und Maus finden Schutz in der Benjeshecke, einem durch aufgeschichteten Baumschnitt entstandenen natürlichen Wall. Fasane brüten im Schutz der Sträucher und Bäume. Das Landschaftsschutzgebiet am Galgenberg ist ein Naturdenkmal mit hohem Bambi-Faktor.

Dass eine schaurige Vergangenheit über dem Ort liegt, sieht man ihm nicht an. Im Mittelalter ist dies der Galgenplatz Odenkirchens. Die Delinquenten werden hierhergebracht, der Vogt zerbricht einen Stab über ihren Köpfen – das Zeichen, dass der Verurteilte dem Henker übergeben wird. Im Mittelalter ist eine Hinrichtung ein Zuschauerspektakel. Der Platz liegt für die Anreise günstig: direkt an der ehemaligen Römerheerstraße zwischen Aachen und Neuss. Mit den Jahrhunderten wird aus der Straße ein Hohlweg, der bis vor gut 20 Jahren noch von Wanderern und Radfahrern genutzt wird. Seitdem überlässt man dieses Stück Land der Natur. Nur eine rot-weiße Barke im Gestrüpp erinnert noch daran, dass diese kleine Schlucht mal begehbar war.

Heute ist der Platz, auf dem der Galgen stand, kaum noch zu sehen. Ab Frühjahr wuchert der japanische Staudenknöterich den Ort zu. Für Naturliebhaber, Vogelkundler, Pflanzenbestimmer und Kräuterkundige ist dieser Ort ein wahrer Garten Eden. Von menschlicher Hand fast unberührt, kann sich hier die Pflanzenwelt weitestgehend ungehindert entwickeln. Das hat dazu geführt, dass sich seltene Pflanzen wie das Bergsandglöckchen, die schwarze Flockenblume und der echte Schafschwingen gehalten haben. Beim Rundgang um den Hohlweg kommt man an einer Aufforstung vorbei, aus der einmal ein Wald werden soll.

In direkter Nachbarschaft ist die Kamphausener Höhe Garant für Weitblick. Bei klarem Wetter ist die Sicht über Mönchengladbach frei und kann sogar bis zum Fernsehturm in Düsseldorf reichen.

Adresse Kamphausener Höhe, Mönchengladbach-Odenkirchen | **ÖPNV** Bus 001, 002, 022, Haltestelle Kamphausener Höhe Kirche | **Öffnungszeiten** frei zugänglich | **Tipp** Neben dem Galgenberg haben Naturschützer eine Obstwiese mit 90 Bäumen, vorwiegend alte Obstsorten, angelegt. Ab 2020 wird mit der ersten Ernte von Äpfeln, Pflaumen und Birnen gerechnet. Jährlich sollen dann Obstfeste stattfinden.

29 Der Geneickener Bahnhof

Kunst und Musik im Wartesaal

Man muss aufpassen, wenn man sich dem früheren Bahnsteig nähert. Die Gleise liegen versteckt im Gras, von wo sie als Zierleisten des vorbeiführenden Radwegs auslaufen. »Rheydt Geneicken« steht mit großen Lettern am Gebäude, das Signal für den Zugführer ist noch da, und die Bahnhofsuhr läuft zuverlässig. Der 1899 gebaute Geneickener Bahnhof ist immer noch leicht als solcher zu erkennen, obwohl hier schon seit 1986 kein Zug mehr hält. Dort, wo früher Menschen ankamen und wegfuhren, ist heute ein Atelier. Zwischen den Holzträgern des Bahnsteigs sind große Fenstertüren eingebaut, die viel Licht in den Raum lassen. Von außen sieht man die Leinwände, an denen die Schüler der Kunstakademie arbeiten.

2016 kauft der Schweizer Jazz-Musiker Georges Burki das Haus. Sein Freund Günter von Kannen zieht mit seiner privaten Kunstakademie in das Gebäude. Seitdem erstellen hier Kunststudenten unter professioneller Anleitung ihre Mappen, und Hobby-Künstler vom Teenager bis zur Seniorin lernen erste Grundtechniken oder vervollkommnen ihr Können in Malerei und Bildhauerei.

Zusammen mit den Unternehmern Ralf und Katrin Hoppen gründet das Duo im September 2019 »Kunstsignal«: Zu den bildenden Künsten der Akademie zieht die Musik in das liebevoll renovierte Gebäude ein. Dafür sind der ehemalige Wartesaal der Erste-Klasse-Reisenden und die frühere Dienstwohnung zu Sälen umgebaut worden. Die Reise als spartenübergreifender Kulturbetrieb, in dem neben Ausstellungen renommierter Künstler auch Konzerte stattfinden, beginnt. Der Geneickener Bahnhof ist Spielort der Konzertreihe »Best of NRW«, in der junge, preisgekrönte Kammermusik-Talente auftreten. Neben der Klassik legen auch international bedeutende Jazz-Musiker für ein Konzert einen Stopp ein – hier verschmelzen Ausstellung und Musik zu einem neuen Erlebnis.

Adresse Otto-Saffran-Straße 102, 41238 Mönchengladbach | **ÖPNV** Bus 004, 006, SB81, Haltestelle Geneickener Bahnhof | **Öffnungszeiten** Di 15–21 Uhr, Mi–Do 9–12 und 15–21 Uhr, Fr 15–21 Uhr, Sa 9–12 Uhr sowie zu den Veranstaltungen | **Tipp** Die 1866 geweihte und 1998 profanierte evangelische Friedenskirche war eine der ersten Kirchen in Deutschland, die neu genutzt wurden. Heute sind in der Kirche 18 Wohnungen, das große runde Kirchenfenster schmückt ein Wohnzimmer (Hauptstraße).

30 Der Gladbach

Ein Bach auf blauen Schildern

Es gibt ihn nicht mehr und irgendwie gibt es ihn doch noch. Der Bach, nach dem Mönchengladbach benannt wird, fließt nicht mehr durch die Stadt. Trotzdem ist er da: Blaue Schilder mit einem stilisierten Wasserlauf und dem Wort »Gladbach« markieren seinen Weg. An manchen Stellen hört man, wie unterirdisch Wasser fließt, das in Lürrip an die Oberfläche kommt. Das ist nicht der Gladbach, sondern der Gladbach-Kanal, in dem Regenwasser gesammelt wird. Die Geschichte des Gladbachs ist kompliziert.

Objektdesigner Johannes Jansen stellt 2009 die blauen Schilder an zwölf Stellen in der Stadt auf. Das erste steht an der Nicodemstraße, ganz in der Nähe der Hensen-Brauerei. In deren Keller soll der echte Bach entsprungen sein. Oder zumindest in der Nähe. Die historischen Quellen sind sich da nicht einig. Wobei das Wasser wohl auch nicht sprudelnd aus der Erde sprang, sondern sich gemächlich aus den umliegenden Gebieten sammelte und seinen Weg durch die Stadt nahm.

Wenn es auch nicht zum Fluss reichte, klein dürfte der Bach nicht gewesen sein, den der Kölner Erzbischof Gero und der Abt Sandrad 974 als Standort für eine neue Abtei entdeckten. Zehn Mühlen werden in den folgenden Jahrhunderten am Bach gebaut. Auf seinem Weg von seiner Quelle durch den Geroweiher bis nach Lürrip zur Niers treibt er acht davon mit seinem Wasser an. Heute erinnern nur noch Straßennamen an sie. Die letzte Mühle stellt 1975 ihren Betrieb ein.

Obwohl der Gladbach die Lebensader der Stadt ist, wird er mit Abwässern verschmutzt. Der Bau einer Kläranlage 1902 führt dazu, dass er in einem Kanal durch die Unterwelt fließt und sein Verlauf verändert wird. Der Bach verschwindet aus dem Stadtbild – bis die blauen Schilder aufgestellt werden. Hinter dem Schild an der Nicodemstraße steht das Regenrückhaltebecken, das den Gladbach-Kanal mit Wasser speist. Nur wenige Meter entfernt von der ursprünglichen Quelle.

Adresse Nicodemstraße/Untere Straße, 41068 Mönchengladbach | ÖPNV Bus 003, 033, 035, Haltestelle Nicodemstraße | Tipp Seit 2015 wird in der Hensen-Brauerei wieder Bier gebraut. Neben den drei Hauptsorten Pils, Alt und India Pale Ale (IPA) gibt es saisonale Spezialitäten. Besonders lecker schmeckt das Bier zu einem der Burger oder Chicken-Gerichte in der Abendgastronomie (www.brauerei-hensen.de).

31 Das Gräberfeld

Das Schicksal der Zwangsarbeiter

Auf dem Hauptfriedhof erinnert ein unscheinbares Gräberfeld an 90 Zwangsarbeiter und an ein beschämendes Kapitel der Stadtgeschichte. Zu Ehren dieser Opfer der NS-Zeit steht außerdem nicht weit von hier ein Pferd auf einer Stele. Es scheint in Richtung Totenhalle unterwegs zu sein. Der verstorbene Künstler Georg Ettl entwirft die Skulptur. Sein Freund Heinz Döhmen stiftet sie 2017, auch zum Gedenken an die Deserteure, zu denen er selbst zählt.

Die Nazis geraten im Zweiten Weltkrieg deutschlandweit in ein Dilemma: Um die Rüstungsindustrie, die (Land-)Wirtschaft und die Moral aufrechtzuerhalten, brauchen sie Arbeitskräfte. Die meisten deutschen Männer kämpfen allerdings an der Front oder sind bereits tot. Als offene Angebote nicht fruchten, greift der Staat nach Randgruppen und nach Menschen anderer Nationen, unter ihnen unbeteiligte junge Zivilisten. Nach Razzien im Kino oder bei Sportveranstaltungen werden sie gruppenweise nach Deutschland gebracht. Da viele Menschen bei den Nazis als minderwertig gelten, werden sie von der übrigen Bevölkerung getrennt. Bei Bombenalarm dürfen sie nicht in den Bunker, öffentliche Verkehrsmittel sind ihnen verboten, auf eine interkulturelle Liebesbeziehung steht die Todesstrafe.

Das Elend der Zwangsarbeiter ist für keinen deutschen Bürger zu übersehen: Unter oft erbärmlichen Bedingungen schuften unter anderem Polen und Ukrainer auch in Gladbach und Rheydt auf Baustellen, in Haushalten und in den Textilfabriken.

Insgesamt über 20 Millionen Menschen verschleppen, misshandeln und töten die Nazis und ihre Helfer in den Kriegsjahren. An diese Schicksale soll hier nicht nur das Gräberfeld erinnern, und so steht Ettls Pferd da. Der direkte Bezug zwischen Ross und Kriegsopfern bleibt erst rätselhaft, aber das in Stein gehauene Bertolt-Brecht-Gedicht unter der Stele schafft mehr Klarheit: »So haben wir ihn an die Wand gestellt, Mensch unseresgleichen …«

Adresse Hauptfriedhof, Eingang Kaldenkirchener Straße, 41063 Mönchengladbach | **ÖPNV** Bus 089, Haltestelle Kaldenkirchener Straße/Friedhof, 5 Minuten zu Fuß auf dem äußeren Weg in Richtung Totenhalle | **Tipp** Mit fast 50 Hektar ist der Hauptfriedhof einer der größten Deutschlands und als Park angelegt. Die städtische mags veranstaltet die Reihe »Friedhof anders erfahren« mit Lesungen, Ausstellungen, Konzerten, Yoga, Qi Gong und Meditation.

32_Gruby

Ein Papiercontainer mit Fan-Base

Gruby ist ein freundlicher Papiercontainer. Wer auch immer vorbeifährt, bekommt ein Lächeln mit auf den Weg. Regelmäßig wird Gruby mit Papier gefüttert, das die Gladbacher nicht mehr brauchen. Auch wenn etwas Falsches in seinem Bauch landet und Plastik oder Glas schwer in seinem Bauch liegen, verliert er sein Lächeln nicht. Manchmal bekommt Gruby einen Kragen aus schwarzen Müllsäcken, an anderen Tagen ist er befreit von jeglichem Unrat. Egal, wie die Umstände auch sind: Sonntags wünscht Gruby den Mönchengladbachern in der Facebook-Gruppe »Du bist Mönchengladbacher, wenn …« einen schönen Tag. Er ist in der Stadt der einzige Papiercontainer mit einer Fan-Gemeinde.

Hinter den Sonntagsgrüßen steckt eine ernste Botschaft: »Haltet unsere Stadt sauber!« Am 27. April 2015 hat Grubys Entdecker Harald Klein zum ersten Mal ein Foto von dem mit wildem Müll zugestellten Papiercontainer in der Mönchengladbach-Gruppe veröffentlicht. Seitdem gilt das Datum als Grubys Geburtstag, der jedes Jahr im Netz mit Glückwunsch-Kommentaren gefeiert wird.

Grubys Straße ist eine beliebte Abkürzung für Autofahrer, die die Wartezeit an der Ampelkreuzung Scharmannstraße/Odenkirchener Straße einsparen oder zur Tankstelle auf dem Grundstück gegenüber wollen. Das liegt etwas tiefer als Grubys Straße, eine kleine Treppe führt dorthin. Aber Fußgänger sind hier selten, in dieser Straße wohnt niemand. Die Bäume, die auf der gegenüberliegenden Straßenseite stehen, spenden dem Papiercontainer im Sommer Schatten. Die Parkbuchten zwischen den Stämmen sind meistens belegt. Manchmal stehen auch die Mülldetektive des kommunalen Entsorgers hier, getarnt in einem Familienauto. Von hier aus haben sie Gruby und die anderen Container an seiner Seite im Blick. Die Facebook-Posts haben sie auf diesen Standort aufmerksam gemacht. Gruby ist seitdem Testimonial für viele ihrer veröffentlichten Berichte.

Adresse Egerstraße, 41236 Mönchengladbach | **ÖPNV** Bus 001, 002, Haltestelle Gasstraße | **Tipp** In der Egerstraße stehen die alten Werkshallen des Maschinenbauers Froriep, der 1970 geschlossen wurde. Die Direktorenvilla des Firmenchefs steht an der Ecke Endepohlstraße/Hugo-Junkers-Straße. Sie ist 1949 zu einem Hotel umgebaut worden.

33 Der Güdderather Bunker

Kultur statt Krieg

Ein Bunker gehört nicht zu den filigranen Architekturschönheiten einer Stadt. Dass der Hochbunker in Güdderath nicht so trutzig wirkt, wie man das bei so einem Koloss erwarten würde, liegt an seiner Tarnung. Von Frühjahr bis Herbst verschwindet ein großer Teil hinter dichten Baumkronen und wuchernden Sträuchern. Im Winter verschmilzt das Betongrau mit dem Himmelsgrau, das sich in dieser Jahreszeit oft schwer über den Niederrhein legt. Wer dem Stau auf der nahe liegenden A61 gerade entkommen ist, übersieht den Bunker leicht, wenn er auf der Marie-Juchasz-Straße daran vorbeifährt.

Kurz vor Ende des Zweiten Weltkriegs wird der Bunker 1945 in Güdderath gebaut. Die Zeichnungen der Holzverschalungen haben im Beton Muster hinterlassen. Mit dem Ende des Krieges wird der Bau abgebrochen, deshalb fehlt dem Gebäude das Dach. Ein Grund, warum Bernhard Petz und Zdzislawa Worozanska-Sacher ihn 2012 kaufen. Lange hat Bernhard Petz nach einem Objekt gesucht, in dem die beiden Musiker wohnen und als bildende Künstler arbeiten können. Statt eines Dachs baut das Paar ein Holzhaus auf den Hochbunker und legt einen Garten an. Ein Teil des Gartens und das Haus sind von der Straße aus zu sehen. Davor ringt eine große Skulptur aus Stahlstangen um Balance.

Die Jahre haben über die eiserne Eingangstür Patina gelegt. Helle Kalkflecken sind an den Wänden. Mineralien bilden kleine Zapfen an den Decken. In diesem rauen Ambiente liegen die Ausstellungsräume und ein Konzertsaal. In die Decke über der Bühne hat Bernhard Petz ein Loch geschnitten und darüber einen Gartenteich angelegt. Es ist die einzige natürliche Lichtquelle in dem dunklen Bunker. Bei sonnigem Wetter durchdringen die Strahlen das Wasser und zeichnen ein helles Flirren an die Wand. Im Herbst 2019 öffnet das Künstlerpaar den Bunker als neuen Kulturort mit Ausstellungen, der Konzertreihe »Die Herbstzeitlose« und regelmäßigen Führungen für die Öffentlichkeit.

Adresse Güdderath 29, 41199 Mönchengladbach-Güdderath | ÖPNV Bus 002, Haltestelle Nievelsteinstraße | Öffnungszeiten Informationen unter www.die-herbstzeitlose.de und www.bunkerfuehrungen.de | Tipp In Mönchengladbach gibt es weitere Bunker, die für verschiedene Zwecke genutzt werden: an der Pongser Straße/Forststraße als Mehrfamilienhaus, im Nordpark als Ausstellungsort.

34 Das Haus Erholung

Der Brunnen bei den Kegelbahnen

Aus der sachlichen Architektur des Abteibergs sticht das Haus Erholung heraus. Die vanillefarbene Fassade mit weißen Zierleisten, die hohen Rundbogenfenster, die Säulen unter dem Ziergiebel am Eingang und das Wort »Erholung« in goldenen Lettern geben dem Gebäude einen verspielten Charakter. Oben verströmen Parkettböden und hohe Glastüren Eleganz. Im Untergeschoss sieht es rustikaler aus. In dem fensterlosen Raum vor den Kegelbahnen steht eine Bar mit zwei Hockern, an der Kegelfreunde ihren König feiern können. Ihre Gläser stellen sie auf einer Glasplatte ab, die über einem Brunnen liegt. Entdeckt wurde er bei Bauarbeiten.

Seit Kaufleute und Unternehmer 1801 die Gesellschaft Erholung, einen privaten Club, gründen, ist das Kegeln bei den Mitgliedern sehr beliebt. 1861 baut der Club auf dem Abteiberg ein repräsentatives Haus, in dem sich die Mitglieder und ihre Familien treffen können. Neben den Sälen und kleineren Clubräumen gibt es auch zwei Kegelbahnen. 1978 wird es eng um die Bahnen: 22 Kegelclubs spielen hier regelmäßig ihren König aus. Von dem Brunnen ahnen sie nichts. Für den Umbau des Hauses 1980/81 ist auch der Bau zweier weiterer Kegelbahnen im Untergeschoss geplant. Bei Ausschachtungsarbeiten stoßen die Bauarbeiter auf den etwa 28 Meter tiefen Brunnen. Aus dem 18. Jahrhundert stamme er und gehöre zum ersten protestantischen Friedhof vor den Mauern der Stadt, wird in der Festschrift zum 175-jährigen Bestehen und der Neueröffnung des Haus Erholung 1981 berichtet. Um den Brunnen zu erhalten, ändert die Gesellschaft die Baupläne und lässt die Kegelbahnen um ihn herum bauen.

Schon bei seiner Entdeckung führt der Brunnen kein Wasser mehr. Heute leuchten zwei Lampen die oberen Wände des Schachts in gelblichem Licht aus, sodass man eine ungefähre Ahnung von seiner Tiefe bekommt, wenn man an den Steinen vorbei hinunter in die Dunkelheit sieht.

Adresse Johann-Peter-Boelling-Platz 1, 41061 Mönchengladbach | **ÖPNV** Bus 015, 017, 025, Haltestelle Lüpertzender Straße | **Öffnungszeiten** Brunnenkeller bei Kegelabenden im Rahmen von Veranstaltungen geöffnet; Biergarten in den Sommermonaten Di–So 12–23 Uhr | **Tipp** Das Haus Erholung gilt als eine der beiden guten Stuben in Mönchengladbach. Die zweite gute Stube ist die Kaiser-Friedrich-Halle. Die nach Kaiser Friedrich III. benannte Halle wird 1903 eröffnet, die Konzertmuschel im bunten Garten wird heute noch für Open-Air-Konzerte genutzt.

35 Das Haus UR

URheimliche Kunst in Rheydt

Das Haus in der Unterheydener Straße sieht unauffällig aus, und doch ist sein Innenleben bis nach Venedig gereist. Der Künstler Gregor Schneider nimmt es 2001 mit auf die 49. Biennale. 24 Räume in 100 Packstücken mit einem Gewicht von 150 Tonnen verschifft er dafür vom Niederrhein bis nach Italien. Dort richtet Schneider, Jahrgang 1969, das Haus im Haus in drei Monaten wieder so exakt wie möglich auf. Der Gründerzeitbau des deutschen Pavillons dient mit abgenutzten Klingelschildern und Briefkastenschlitz als Hülle der Installation. Die beeindruckt die Jury nachhaltig – für sein Totes Haus UR gewinnt er den Goldenen Löwen.

UR kürzt den Standort Unterheydener Straße ab; tot nennt Schneider sein Haus, weil es für einen anderen Ort aus- und an ihm wieder aufgebaut wurde. 2003 übrigens ein weiteres Mal in Los Angeles im Museum of Contemporary Art.

Schon in den 80ern beginnt der Künstler, das leer stehende Gebäude auf dem Gelände seines Vaters aufwendig zu bearbeiten. 15 Jahre lang verdoppelt er die Anzahl der Räume, indem er neue Wände einzieht, die für den Besucher später nicht mehr erkennbar sind. Decke oder Boden stattet er mit Motor aus und versetzt sie in eine nicht mehr wahrnehmbare Bewegung. Er isoliert die Wände mit Beton und Dämmstoffen, verschiebt, strukturiert um, baut Gänge, verschließt Fenster und lässt Schächte entstehen. Einige gefilmte Führungen auf Youtube lassen erahnen, wie beklemmend sich hier eine Besichtigung anfühlen würde.

Schneiders Haus UR begründet den internationalen Erfolg seiner provokativen, für viele etwas seltsam anmutenden Kunst. Verwirren, verstecken und Irritation erzeugen, der Wohnraum als Museumsraum, in dem keiner lebt. Oder doch? Eines Tages bringt Schneider an der Fassade ein Namensschild seines Künstlerpseudonyms und Alter Egos an: Hannelore Reuen. Die Dame soll dort rauchend und Kaffee trinkend am Fenster gesessen haben. Unheimlich.

Adresse Unterheydener Straße 12, Mönchengladbach-Rheydt | **ÖPNV** Bus 001, 002, 097, Haltestelle Mönchengladbach NEW, von dort 4 Minuten Fußweg | **Öffnungszeiten** nur von außen zu besichtigen | **Tipp** In der Dauerausstellung des Museums Abteiberg können Besucher ohne klaustrophobische Tendenz einige seiner echten, unerwartet miteinander verbundenen Räume begehen – auf Empfehlung des Künstlers einzeln.

36 Der Herzpark Hardterwald

Ein Ort zum Durchatmen

Ein Spaziergang durch den Park der früheren Hardterwald-Klinik ist ein bisschen wie eine Zeitreise. Das alte Kutscherhaus steht noch, und der Weg führt direkt zum ehemaligen Wohnhaus des ärztlichen Leiters der »Volksheilstätte für heilbare Lungenkranke«, die hier am 21. Juli 1900 gegründet wird. Auch das Hauptgebäude, vor dem heute einige Schafe der »blauen Friedensherde« des Künstlerpaars Bertamaria Reetz und Rainer Bonk grasen, sieht zwar noch fast genauso aus wie bei seiner Einweihung 1904. Die Schlafsäle für bis zu 16 Patienten sind längst Geschichte. Das Geld für den Bau der Lungenheilstätte stammt aus dem Erbe von Louise Gueury, die selbst im Alter von 46 Jahren an Tuberkulose gestorben ist. In ihrem Testament verfügt sie den Bau der Klinik – und macht Mönchengladbach damit zu einem Muster der Gesundheitsfürsorge für Fabrikarbeiter. Auch aus dem Ausland reisen Experten an, um zu sehen, wie in Gladbach die Gesundheitsfürsorge für Arbeiter organisiert ist.

Im historischen Liegesaal ruhen die Patienten damals in Decken gehüllt an der frischen Luft. Der Saal im Park, dessen Front komplett geöffnet werden kann, wird heute nicht mehr für Patienten genutzt. Efeu klettert die roten Zierleisten des Holzbaus empor. Es ist in die Jahre gekommen, aber noch immer ist seine Schönheit zu sehen, und man kann sich gut vorstellen, wie die lungenkranken Fabrikarbeiter Anfang des 20. Jahrhunderts hier wieder gesund wurden.

Aus der Hardterwald-Klinik ist 2013 der Herzpark Hardterwald geworden. In den historischen Gebäuden und im Garten erholen sich Patienten nach Herzoperationen und Infarkten. Auf den ausgeschilderten Wegen begegnet man ihnen beim Ausdauertraining und im Café Louise bei der Belohnungstorte. Christi Himmelfahrt ist die Terrasse ein Logenplatz für das Konzert des Schlafhorst Werksorchesters.

Adresse Louise-Gueury-Straße 400, 41169 Mönchengladbach | ÖPNV Bus 015, Haltestelle Hardterwald Klinik | Öffnungszeiten Park ganzjährig; Café Louise April–Okt. Mo–So 10–20 Uhr, Nov.–März Mo–So 10–19 Uhr | Tipp Das Ehrengrab aus schwedischem Granit von Louise Gueury befindet sich im Bunten Garten an der Bettrather Straße in der Innenstadt. Der Park war ursprünglich ein Friedhof; daran erinnern auch einige Grabsteine, die man in den Beeten noch findet.

37 Der hinduistische Tempel

Eine göttliche Baustelle

Der Tempel der hinduistischen Gemeinde ist noch eine Baustelle. Aber die neun Altäre stehen, und die Altarwächter haben ihre Posten bezogen. Die Figuren sind fein ausgearbeitet, bis ins Detail sind Kopfbedeckungen, Gesichter, Körper und Verzierungen in den Beton gearbeitet. Was wegen seiner Perfektion wie gegossen aussieht, ist reine Handarbeit. Die hinduistische Gemeinde hat dafür Fachkräfte aus Indien und Sri Lanka engagiert. Die Figuren von Ganesha, Shiva, Durga, Murugan und den anderen Göttern sind noch nicht in die Altäre gezogen. Sie werden in Indien hergestellt und per Schiff nach Deutschland gebracht. Mit ihrer Ankunft beginnt die mehrere Wochen dauernde Zeremonie der Reinigung, bevor die Gottheiten in ihre Altäre gesetzt werden, die danach nur noch der Priester betreten darf.

Vor 20 Jahren gründet sich der Hinduistische Verein in Mönchengladbach. Erst jetzt wird ein Tempel gebaut, der auf Dauer die Heimat der Gemeinde werden soll. Für Besucher ist das eine Gelegenheit, die Entstehung eines Tempels mitzuerleben. Die Gemeinde zeigt offen, wie der Tempel geplant ist, und erklärt die Bedeutung und Aufgaben der Götter und ihre Beziehungen untereinander. Noch sind die Figuren grau, die Farben werden aufgetragen, wenn dafür genug Spenden zusammengekommen sind.

Das Industriegebiet in Güdderath verrät nichts darüber, dass hier ein Tempel entsteht. Der Weg zieht sich, vorbei an Werkshallen, Lastwagen und Containern. Das alte Firmengebäude, das zum Tempel wird, ist nach außen immer noch das Lager, das es einmal war.

Das wird sich ändern, wenn die Ganesha-Figur in den Tempel einzieht. Ganesha ist der wichtigste Gott, halb Mensch, halb Elefant. Im Tempel wird für ihn der größte der Altäre gebaut. Acht Wächter bekommen dann an jeder Ecke und an den Seiten auf dem Flachdach des Gebäudes ihren Platz, um den Tempel vor bösen Einflüssen zu beschützen.

Adresse Klosterhofweg 94, 41199 Mönchengladbach | **ÖPNV** Bus 002, Haltestelle Klosterhofweg 2 | **Öffnungszeiten** Fr ab 18 Uhr, Gäste bei Zeremonien willkommen, Informationen unter www.hindu-tempel.de | **Tipp** Mit dem Bus kann man direkt in den Regiopark fahren, ein gemeinsames Gewerbegebiet von Mönchengladbach und der Nachbarkommune Jüchen. Hier hat der Hosenhersteller Zerres einen Factory-Outlet-Store (Regioparkring 1, Di–Fr 10–18.30 Uhr, Sa 10–13 Uhr).

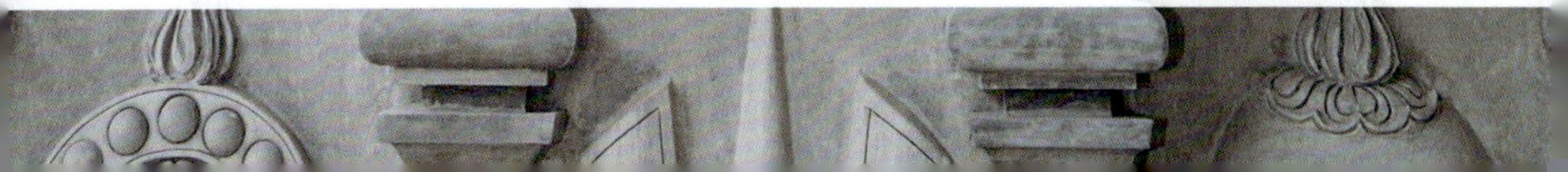

38 Die Hochschule

Neues vom Campus

Es gibt zwei Typen von Städten: Studentenstädte und Städte mit Studenten. In der einen bestimmen die Studis das Stadtbild stark mit, in der anderen bemerkt man sie kaum. So ist es in Gladbach: Verlässt man das Umfeld der Hochschule Niederrhein, kommt man nicht auf die Idee, dass hier die zehntgrößte Fachhochschule Deutschlands ihren – neben Krefeld – zweiten Campus hat. Dabei ist sie beileibe kein spröder Ort und lädt auch Bürger zu sich ein, die Bildungsnähe suchen.

Da ist beispielsweise »MG zieht an«, kein Stadtmarketing-Mantra, sondern der Name der zweijährlich stattfindenden Nachwuchsmesse der »textilen Kompetenzregion Niederrhein«. Sie bezeugt, wie nah man stoff- und stoffverarbeitungstechnisch an der Quelle wohnt.

Wer die öffentliche Modenschau auf der Richard-Wagner-Straße besucht, gesellt sich zu den etwa 7.000 Besuchern. Die Straße wird zum Catwalk, die Zuschauer kommen ins Staunen. In ihren stoffgewordenen Master- und Facharbeiten zeigen Absolventen und Studenten kluge Klamotten mit Botschaft. Design follows function, function follows design – die Studenten schneidern zu Themen wie interkulturelle Identität und Klimaschutz. Sie entwerfen Mode aus intelligenten Materialien oder im Stil verschiedener Kulturtraditionen. Für Studis in spe, die selbst gestaltend auf Tuchfühlung gehen wollen, bietet die Hochschule mit dem Energieversorger NEW im Innovatorium des NEW-Blauhauses Workshops an. Ein Thema: Energiebedarf und wie neue Technologien ihn decken können. Ältere Semester besuchen das FAUSTplus-Programm für Gasthörer. Aus den zehn Fachbereichen können sie Seminare und Vorlesungen wählen oder eine neue Sprache erlernen. Das Plus im Programmnamen steht für zusätzliche Veranstaltungen zu philosophischen, kunsthistorischen, ethischen, gesundheitlichen und kreativen Themen. Kurz: An diesem Ort spürt jeder Gladbacher, der mag, einen Hauch Studentenleben.

Adresse Webschulstraße 41–43, 41065 Mönchengladbach | ÖPNV Bus 002, Haltestelle Hochschule Niederrhein Campus | Öffnungszeiten Veranstaltungen, FAUST-plus-Programm und Link zu »MG zieht an« auf der Website und in der örtlichen Presse | Tipp Im historischen Gebäude G an der Webschulstraße wird 1901 die Preußische Höhere Fachschule zur Ausbildung von Führungskräften in der Textilindustrie gegründet. Im Laufe des Jahrhunderts entwickelt sich von hier aus die Hochschule Niederrhein.

39 Der Hockeypark

Vom Kunst- auf den Konzertrasen und zurück

Hunderte Stimmen, die textsicher mitsingen, bebende Lautsprecher und darüber der weite Nachthimmel: Für die Hockey-WM 2006 gebaut, ist der Sparkassenpark ein Ort für Money-can't-buy-Momente. Bis heute erlebt der kleine Nachbar des Borussia-Stadions eine Menge Schweiß, (Freuden-)Tränen und Euphorie. Ganz zu Beginn geht es hier nur ums Spiel mit dem Schläger, auch wenn das Vertrauen in die Anziehung von Hockey im großen Stil mäßig zu sein scheint: Die sechs Sitzfarben wechseln sich mit dem Kalkül ab, dass auch ein fast leeres Stadion voller wirkt.

Falls es tatsächlich Befürchtungen gibt – sie sind unbegründet. Kurz nach Eröffnung nimmt das Geschehen im größten Hockeystadion Europas Geschwindigkeit auf. Indien, Argentinien, Spanien und Deutschland weihen die Location mit einem Vier-Nationen-Turnier ein. Es folgen Hochkaräter wie die Feldhockey-Weltmeisterschaft der Herren mit Gladbach als einzigem Austragungsort, die Champions Trophies der Damen und Herren und die Europameisterschaft. Der Deutsche Hockeybund bezieht 2006 seinen Sitz im Park, der sich schnell für andere Veranstaltungen öffnet: Laufevents, Trainings und Spiele der American Footballer Mönchengladbacher Mavericks, das Big Air Freestyle Festival und das Finale des städtischen Vitus-Cups.

Ex-Hockeyspieler und Olympiasieger Michael Hilgers entwickelt den Park als Betreiber weiter und holt Künstler wie Sting, Shakira, Elton John und Bryan Adams in die Stadt. Das Line-up ist erstaunlich, die Bandbreite der Stilrichtungen reicht von Partyschlager bis Rock und zieht 2019 um die 80.000 Menschen in den Park.

Darunter sind auch die, die im April 2019 zur internationalen FIH Pro League und damit wieder zu einer Hockey-Großveranstaltung in den Park pilgern. Wer sich diesen Ort anschauen möchte, hat werktags freien Zugang oder besucht hier vor den Borussia-Heimspielen das »Strandhaus«.

Adresse Sparkassenpark, Am Hockeypark 1, 41179 Mönchengladbach | **ÖPNV** Bus 17, Haltestelle Am Nordpark | **Tipp** Hockey und Tennis gibt es auf der schönen Anlage des Gladbacher Hockey- und Tennisclubs zu sehen (An den Holter Sportstätten 11). Der bis in die Bundesliga erfolgreiche GHTC feiert 2019 sein 100-jähriges Bestehen. Die Regale im Vereinsheim füllen Pokale und Auszeichnungen, darunter das grüne Band für hervorragende Jugendarbeit.

40 Der Hoppbruch

Ein ungleiches Paar

Schilf steht gern knietief im Wasser. Pappeln dagegen reagieren auf allzu nasse Wurzeln empfindlich. Sie bevorzugen es, wenn der Boden unter ihrem Blattwerk trocken ist. Die Natur setzt deshalb das Schilf in und an Gewässer, während die Pappeln in der Regel Wege säumen. Es ist unwahrscheinlich, dass das ungleiche Paar zusammenfindet. Im Hoppbruch aber staunt der Wanderer über ein seltenes Phänomen: Pappeln und Schilf wachsen hier in schöner Eintracht nebeneinander. Das Areal gilt als botanisches Kleinod.

Der Hoppbruch zwischen Giesenkirchen und Liedberg macht einen verwunschenen Eindruck. Es gibt Alleen mit knorrigen Eichen, die schon vor mehr als 200 Jahren hier wuchsen. Bei ihrem Anblick würde man sich nicht wundern, wenn sich nachts Elfen, Trolle und andere Waldgeister versammelten. Oder die Geister der Ritter von Schloss Myllendonk, Schloss Dyck und dem Rittersitz Haus Horst, die in diesem Gebiet an der Stadtgrenze zu Korschenbroich ihre Streitigkeiten austrugen.

So unberührt die Natur dem Wanderer erscheint, ist sie allerdings nicht. Im Gegenteil, der Mensch greift mächtig ein, damit sie sich so entwickeln kann, wie man sie jetzt sieht. Denn gleich neben dem Gebiet befindet sich ein großes Wasserwerk. Hier werden Tausende Liter Wasser eingespeist, die durch den Kohleabbau entzogen wurden. Mit Hilfe eines großmaschigen Grabensystems und den beiden Bächen Trietbach und Fluitbach im Osten wird der Hoppbruch bewässert. So kommt es, dass in diesem Gebiet optimale Wachstumsbedingungen für das ungleiche Paar Pappeln und Schilf herrschen.

Wer Ruhe sucht, ist im Hoppbruch genau richtig. Nur das Rascheln der Blätter in den Baumkronen, Vogelgezwitscher und hin und wieder der Ruf eines Käuzchens durchbrechen die Stille. Streitlustige Ritter sind schon lange nicht mehr gesichtet worden. Dafür aber das eine oder andere scheue Reh.

Adresse Palandweg, 41238 Mönchengladbach | **ÖPNV** Bus 018, Haltestelle Palandweg; Bus 021, Haltestelle Korschenbroich-Trietenbroich; Anfahrt A46 Abfahrt Neuss-Holzheim, B230 Richtung Mönchengladbach, 1 Kilometer nach Liedberg rechts den Schildern Haus Horst folgen (Parkplatz Leppershütte/Ecke Palandweg), an Haus Horst vorbei, Leppershütte bis zum Ende der Straße (Waldparkplatz) | **Öffnungszeiten** immer zugänglich | **Tipp** Am Rand des Hoppbruchs liegt der ehemalige Rittersitz Haus Horst aus dem frühen 14. Jahrhundert. Die Vorburg ist öffentlich zugänglich, das historische Herrenhaus wird von einer Privatklinik genutzt.

41 Die Hügelgräber

Was Schatzsucher übrig ließen

Der Weg ist holprig, große Räder haben tiefe Furchen gegraben und darin Muster hinterlassen. Man muss ein bisschen aufpassen, wenn man hier entlanggeht. Ganz besonders dann, wenn man im Hardter Wald auf das Feld mit den Hügelgräbern schaut. Die Gräber sind nicht leicht zu entdecken, obwohl sie mit bis zu zwei Meter Höhe und 25 Meter Länge unübersehbar sein sollten. Doch Bäume, Laub und Setzlinge verstellen die freie Sicht. Und einfach den Weg zu verlassen und hineinzulaufen in das Stück Wald, scheint nicht ratsam. Auf dem Boden liegen Äste, die Stürme von den Bäumen gerissen haben. Einige sind in den Kronen hängen geblieben. Manchmal sieht man einige Meter entfernt eine Erhebung, die ein Hügelgrab sein könnte.

Das Gräberfeld gibt es lange bevor Mönchengladbach gegründet wird. Es ist eines der ältesten am Niederrhein. Auf 2.000 bis 2.700 Jahre schätzen die Historiker das Alter. Zwischen 1868 und 1954 wird es mehrmals untersucht. Bis heute weiß niemand sicher, wer hier bestattet wurde. Die Historiker tippen auf Eburonen, einen germanischen Stamm, der 50 vor Christus im Rheinland lebt und sich gegen die Römer wehrt. 1954 untersucht ein wissenschaftliches Team zum letzten Mal das etwa 28 Hektar große Areal. 262 Hügelgräber, zehn Langbettgräber und ungezählte Flachgräber können die Archäologen identifizieren. Die Wissenschaftler glauben, dass die Anzahl ursprünglich weitaus höher war.

Ein Goldrausch setzt dem Gräberfeld zu, als um 1852 das Gerücht aufkommt, dass hier Gold- und Silberschätze des Hunnenkönigs vergraben lägen. Hunderte Schatzsucher graben danach. Sie entdecken vor allem Urnen und Tonschalen, wie sie auch die Archäologen finden. Einige Fundsachen gehören heute zur Sammlung des Museums Rheydt. An den Gräbern ist das nicht spurlos vorübergegangen. Die wilden Grabungen und die Neuaufforstung des Waldstücks haben viele Gräber eingeebnet.

Adresse Hardter Landstraße/Schlaaweg, 41169 Mönchengladbach | ÖPNV Bus 026, Haltestelle Matthiaskapelle Mönchengladbach-Hardt, Gräberfeld direkt neben der Kapelle auf der anderen Seite des Schlaawegs | Tipp Wenn man von der Matthias-Kapelle aus die Hardter Landstraße überquert, kommt man zum Restaurant Fuchsbau, dessen Spezialität knusprige Hähnchen sind (Di–Sa 17–21.30 Uhr, Sonn- und Feiertage 12–21 Uhr).

42_Das JHQ

Die britische Geisterstadt

Das erste Schild am Straßenrand kündigt den Checkpoint in 200 Metern an, das zweite fordert in Englisch und Deutsch auf, den Ausweis bereitzuhalten. Das dritte sagt, dass das Standlicht einzuschalten sei. Statt den Checkpoint zu passieren, steht man vor einem geschlossenen Tor. Der Antrim Drive führt nicht mehr in die größte englische Stadt außerhalb Großbritanniens. Die Straße verjüngt sich, weil die Natur sie wieder in Besitz nimmt. Die weißen Markierungen laufen unter eine dünne Humusschicht. Die Wohnungen hinter dem Drahtzaun sind leer, das Gras steht hüfthoch, auf einem Balkon wächst ein Baum. Als im Oktober 2013 die britischen Streitkräfte und die hier stationierten NATO-Einheiten das JHQ (Joint Headquarters) bei Rheindahlen verlassen, löst sich ein ganzer Stadtteil auf.

Fast 60 Jahre ist England ein direkter Nachbar von Mönchengladbach. 1954 ziehen die ersten englischen Armee-Angehörigen mit ihren Familien in das JHQ. Im Laufe der Jahre steigt die Einwohnerzahl auf gut 10.000 Menschen. Eine kleine Stadt mit Wohnungen, Schulen, Sportplätzen, Freibad, Theater, Kino, Geschäften und Krankenhaus entsteht. Die Straßen tragen englische Namen. Die Gladbacher können mit dem Fahrrad zum Fünf-Uhr-Tee nach Great Britain fahren. Viele machen das auch, besuchen an Wochenenden die Clubs oder gehen ins Kino. Umgekehrt kommen die Engländer nach Mönchengladbach.

Heute darf man das Gelände nicht mehr betreten. Es ist eingezäunt und wird bewacht, denn nicht nur Ausflügler, sondern auch Vandalen besuchen das Areal immer wieder. In einem Teil ist mit dem Abriss der verlassenen Gebäude begonnen worden. Hier soll ein Naherholungsgebiet entstehen. Im nordöstlichen Teil liegt eine Erstaufnahmeeinrichtung für Flüchtlinge und ein Übungsgelände für die Polizei. Rund um das JHQ-Gelände aber gibt es viele Wege und Stellen, die einen Einblick in die moderne Geisterstadt ermöglichen.

Adresse Antrim Drive, 41179 Mönchengladbach-Eichhof | ÖPNV Bus 025, 026, Haltestelle Genhodder, von hier aus über Waldwege in etwa 20 Minuten zum JHQ; mit dem Fahrrad von der Hardter Landstraße Richtung Koch/Genhodder | Tipp Ganz in der Nähe des umzäunten JHQ-Geländes liegt der englische Militärfriedhof, einer von zwei englischen Friedhöfen in Deutschland. Die Gräber sind keine Kriegsgräber, sondern Ruhestätten von Soldaten und ihren Angehörigen.

43 Die Jona-Kapelle

Platz ist in der kleinsten Kirche

Dass jeder Platz in einer Kirche besetzt ist, ist heute nur noch bei besonderen Anlässen wie Weihnachten oder Adelshochzeiten zu erleben. In Windberg-Großheide ist das anders. Da braucht es nur einen Besucher, und schon ist die Kirche bis auf den letzten Platz besetzt. Wobei es sich streng genommen bei der Jona-Kapelle, wie der Name schon sagt, nicht um eine Kirche handelt. Geweiht ist sie so oder so. Alles andere ist eine Frage der Perspektive.

Wer nicht weiß, was ihn erwartet, sieht keine Kapelle, sondern eine Hütte aus Lärchenholz. Von innen wirkt der Raum größer, als die Holzverkleidung außen vermuten lässt. Hier ist man zwar allein, aber nicht einsam. Denn zwei schmale Fenster lassen Licht herein und verbinden die Besucher zumindest optisch mit der Welt. Man kann Vögel beobachten, die über den Boden hüpfen, hört ihr Gezwitscher. Auf diese Weise wird auch verhindert, dass man sich beengt fühlt. Trotzdem ist man innen vor neugierigen Blicken geschützt.

Die Idee, eine Ein-Personen-Kapelle zu bauen, hat Pfarrer Karl-Heinz Bassy von einem Besuch des Künstlerdorfs Worpswede als Souvenir mitgebracht. Dort steht die kleinste Galerie der Welt, in der jeweils nur ein Besucher Platz hat, um Kunst anzusehen. Wer die Kapelle besucht, findet alles vor, was hineingehört, nur eben im Kleinformat: batteriebetriebene Kerzen, eine Bibel, das Fürbittenbuch und zur Weihnachtszeit eine Krippe in einer Sardinenbüchse. Die Einträge zeigen, dass auch Kinder die Kapelle nutzen. Sogar Taschentücher liegen bereit, um Tränen zu trocknen oder eine laufende Nase zu stoppen.

Auffällig ist die asymmetrische Form des Kreuzes an der hellblauen Wand. Es zitiert das Kreuz der evangelischen Kirche, zu der die Jona-Kapelle gehört. Dort ist das Kreuz ein Schiffsmast in einem Wandbild aus Klinkern. Die sind so eingesetzt, dass es scheint, als fahre das Schiff in den Kirchenraum. Die Mini-Kapelle ist der Außenanleger der Kirche.

Adresse Evangelische Kirchengemeinde Großheide, Severingstraße 2–4, 41063 Mönchengladbach | ÖPNV Bus 008, 010, Haltestelle Leo-Straße, von hier aus etwa 5 Minuten Fußweg über die Adolph-Kolping-Straße oder die Hans-Böckler-Straße | Öffnungszeiten täglich 10–18 Uhr | Tipp Das zartrosa Hochhaus mit den grünen Balkonen an der Kärnter Straße ist kein gewöhnliches Hochhaus, denn die Wohnungen wurden um einen Hochbunker herumgebaut. Im Inneren des Gebäudes unterhält die NEW noch einen Wasserspeicher mit einer Größe von etwa 2.100 Kubikmetern, der nach dem Krieg auf den Hochbunker montiert wurde.

44 Die Junkers-Ausstellung

Der Mann, der heißes Wasser ins Bad brachte

Als der kleine Hugo am 3. Februar 1859 in Rheydt geboren wird, ist in den meisten Familien am Samstag Badetag. Das Wasser wird in einem großen Kessel auf dem Ofen erhitzt und in den Zuber geschüttet. Ein Familienmitglied nach dem anderen badet. Der Letzte muss sich mit kaltem Wasser begnügen. Nur reiche Familien können sich den Luxus von frischem Badewasser für jeden leisten. Hugo besucht die Höhere Bürgerschule in Rheydt, macht sein Abitur in Barmen und studiert Technik. Berühmt wird er als Flugzeugbauer. Dass er aber die Badegewohnheiten der Bevölkerung entscheidend verändert hat, ist kaum bekannt. 1894 entwickelt er seinen ersten Gasbadeofen, das Grundmodell, aus dem er später den Durchlauferhitzer entwickelt. Mit dieser Erfindung ist es möglich, heißes Wasser direkt aus der Leitung in die Wanne fließen zu lassen.

Das Modell einer Badewanne mit einem Badeofen von 1928 steht in einer Vitrine im Hugo-Junkers-Gymnasium. Die Schule dokumentiert in einer Dauerausstellung das Leben und Werk ihres ehemaligen Schülers. Seit das Stadtarchiv seine Unterlagen über den Erfinder an die Stadt Dessau übergeben musste, ist die Ausstellung die wichtigste und umfassendste Quelle für Informationen über den Ingenieur. Die Plakate, Dokumente, Fotos und technischen Zeichnungen zeigen, wie groß der Einfluss von Junkers' Entwicklungen auf den modernen Alltag tatsächlich ist. Weil Hugo Junkers das zu erwärmende Wasser durch Lamellen laufen lässt, kann er es schneller erhitzen. Das erlaubt ihm, die Gasbadeöfen kleiner und billiger zu produzieren. Diese Technik nutzt Junkers auch für Heizkörper, wo sie noch heute eingesetzt wird.

Die Ausstellung verändert und erweitert sich jedes Jahr, wenn der aktuelle Projektkurs der Schule seine Ergebnisse vorstellt. Dabei arbeiten die Schüler mit dem Archiv und den Wissenschaftlern des Technikmuseums in Dessau zusammen.

Adresse Hugo-Junkers-Gymnasium, Brucknerallee 58, 41236 Mönchengladbach | **ÖPNV** Bus 016, 019, Haltestelle Hugo-Junkers-Gymnasium | **Öffnungszeiten** Mo–Fr 8–15 Uhr, außer in den Schulferien; vor Besichtigung kurze Meldung im Sekretariat erwünscht | **Tipp** Berühmt ist Hugo Junkers durch den Flugzeugbau geworden. Eine original erhaltene JU 52 ist in Mönchengladbach im Hugo-Junkers-Hangar zu sehen, der an jedem letzten Sonntag von 12 bis 17 Uhr geöffnet ist (Flughafen Mönchengladbach, Flughafenstraße 101).

45 Die Kaiserstraße

Die Menschen aus der 108

Das Gründerzeithaus in der Kaiserstraße 108 erzählt Geschichten. Kurz nach seinem Bau 1905: Aus dem offenen Fenster dringen die Klänge einer Sinfonie auf die Straße. Der musikbegeisterte jüdische Kaufmann Louis Raphaelson lebt hier mit seiner Frau Elisabeth und den fünf Kindern.

Um 1900 sind die Juden in Mönchengladbach anerkannt, die Textilindustrie boomt. Raphaelson betreibt eine Fabrik, die Flanell für Hemden herstellt. Er engagiert sich enthusiastisch für die städtische Musikszene und begründet unter anderem den Städtischen Orchesterverein, der 1903 zur Einweihung der Kaiser-Friedrich-Halle spielt. Die Konzerte im Wohnzimmer mit Flügeltüren gelten als legendär.

Familie, Musik, Bildung, Wohlstand: Die Umgebung, in der der zweitjüngste Raphaelson, Paul, aufwächst, verspricht ein wundervolles Leben. Es dauert nur sieben Jahre, dann endet die behütete Kindheit mit dem Tod seines Vaters durch eine Lungenentzündung. Wie Paul Raphaelsons Leben weitergeht, wirft zahllose Fragen nach Ursachen und Wirkungen, Tätern und Opfern in der Nazizeit auf.

Nach dem Tod des Vaters verlässt die Familie das Haus bald. Mit der finanziellen und auch politischen Unsicherheit rutscht Paul Raphaelson schnell ab, er erlernt keinen Beruf, landet mehrfach in Erziehungsanstalten, heiratet zweimal, gibt seine jüdisch-deutsche Tochter fort. Schließlich muss er in den Zug nach Theresienstadt steigen – keine 200 Meter von seinem Elternhaus entfernt. Im Laufe des Krieges vergisst er offenbar jede Herzensbildung, die er dort mitbekommen hat. Als Kapo misshandelt er unzählige Mitinsassen, macht sich zum Handlager der Nazis. 1947 wird er in Prag zum Tode verurteilt. Auf seine Beerdigung kommt eine Handvoll Leute, Musik darf keine gespielt werden.

Zwei Kriege, ein offenes Dach durch eine Bombe, neue Bewohner – die 108 steht noch und ist heute denkmalgeschützt.

Adresse Kaiserstraße 108, 41061 Mönchengladbach | ÖPNV Bus 009, Haltestelle Schillerplatz | Öffnungszeiten nur von außen zu besichtigen | Tipp In der städtischen Musikschule auf der Lüpertzenderstraße 83 zeigen Musiker aller Altersklassen regelmäßig, was sie können. Alle Infos dazu gibt es unter www. moenchengladbach.de.

46 Das Karnevalsmuseum

Närrische Prinzen und englische Prinzessinnen

In der Session 2019/20 schreibt der Mönchengladbacher Karneval Geschichte, wenn das erste schwule Prinzen-Paar des Rheinlands die Narren regiert. Im Karnevalsmuseum wird das historische Ereignis in der Porträt-Galerie festgehalten, die 1896 ihren Anfang nimmt. Damals regiert Prinz Karneval noch allein. Erst in der Session 1935/36 sehen die Jecken zum ersten Mal eine Niersia an der Seite des Karnevalsprinzen.

Zahlreiche Geschichten finden sich in der Ausstellung des Karnevalsmuseums im Alten Zeughaus. Fünf Karnevals-Enthusiasten haben 1974 das Haus gekauft, das Gebäude renoviert und das Privatmuseum gegründet. Liebevoll tragen sie die Ausstellungsstücke zusammen: Ornate der Prinzenpaare und Kinderprinzenpaare, Narrenkappen, Plakate und Urkunden, Bilder und Auszeichnungen wie das Goldene Vlies, die höchste Karnevalsauszeichnung in Europa. Mit den Jahren wächst die Sammlung dermaßen an, dass die beiden Nachbargebäude gekauft werden.

Die Geschichte der Stadt spiegelt sich im Karneval wider. Die Flieger der in Mönchengladbach stationierten Royal Air Force gründen mit ihrer KG Adler eine eigene Gesellschaft. 1960 ist mit Patricia Niersia die erste und bisher einzige Britin Karnevalsprinzessin. Mit dem Abzug der Briten ist auch das Ende der KG Adler besiegelt. Ihre Orden aber sind geblieben und Teil der Sammlung, die im Zentrum der Ausstellung zu sehen ist. Der älteste ist von 1906, ein Orden der KG Fidelitas.

Das Orden-Design besticht viele Jahre vor allem durch Einfallslosigkeit. Das ändert sich, als 1996 der Wettbewerb »Orden des Jahres« ausgerufen wird. Seitdem wetteifern die Gesellschaften um die schönste Darstellung des Jahresmottos. Die Sieger glänzen farbenfroh in der Vitrine. Gleich daneben sieht der Besucher, wie so ein Orden hergestellt wird – vom Ausstanzen der Grundform bis hin zur fertig kolorierten Plakette.

Adresse Weiherstraße 2-4, 41061 Mönchengladbach | **ÖPNV** Bus 005, 015, 025, Haltestelle Geroplatz | **Öffnungszeiten** jeden 1. Sonntag im Monat 11–14 Uhr, Führungen für Gruppen auf Anfrage unter Tel. 02161/180109 | **Tipp** Wenn man die Weiherstraße weitergeht Richtung Geroweiher, kommt man direkt an der Narrensäule an, die an alle Karnevalsprinzenpaare Mönchengladbachs seit 1935 erinnert. In Rheydt steht an der Stadtsparkasse eine ähnliche Säule mit den Narrenkappen aller Rheydter Karnevalsgesellschaften.

47 Die Kirche Wickrathberg

Aus jedem Jahrhundert ein bisschen

Mitten in Wickrathberg steht neben einer riesigen Kastanie die älteste erhaltene Kirche Gladbachs. Die schöne, denkmalgeschützte Rarität ist seit 1530 evangelisch und zeigt eine Fülle geschichtsbedingter Baustileinflüsse.

Die ersten Funde auf Kirchengrund sind Spuren eines Gräberfeldes aus dem 8. Jahrhundert. Aus der Mitte des 11. Jahrhunderts stammen Überreste einer Saalkirche. 1220 baut man auf den Fundamenten im spätromanischen Stil Chor, Hauptschiff, zwei Seitenschiffe und den Westturm. Im 15. Jahrhundert wird dann die Holzdecke ersetzt, und der Chor bekommt sein spätgotisches Sterngewölbe. Die Innenverzierung ist wiederum barock, die Orgel nebst Grafenlogen für die Familie Quadt von 1770 gehört schließlich zum Rokoko. Die nahezu vollständige Rokokoausstattung verhilft der ehemaligen Hauskirche der Reichsgrafen Quadt zu überregionalem Ansehen. Eindrucksvoll sind hier besonders die Verzierungen der Loge mit dem Wappen der Quadt-Wickrath mit zwei Bären. Von links flüstert der Graf damals ab und zu mit dem Prediger, der seine Gemeinde von der Kanzel aus auf die Wichtigkeit von Hand- und Spanndiensten hinweisen soll. Um 1902 verändert sich das Aussehen der Kirche erneut durch das Verlängern der Seitenschiffe.

Wer sich für Geschichten interessiert, mag sicher Details wie dieses: Der Abendmahlstisch lässt sich verrücken, denn die Kirche wird zu Zeiten der Quadts auch schon mal zum Gericht umfunktioniert. Die auffälligen Mulden im Holzboden auf der Kanzel entstehen dann durch trappelnde Pastorenfüße. Der Grund für die Unruhe mag in der Predigtdauer von einer vollen Stunde liegen – oder aber schlichtweg an den oft niedrigen Temperaturen im Kirchenschiff. 1965 schaffen die Wickrathberger Abhilfe: Ihre Kirche bekommt eine Fußbodenheizung. Von diesen neumodischen Dingen sieht der Besucher auf seiner Reise durch die Jahrhunderte selbstverständlich nichts.

Adresse Berger Dorfstraße 53, 41189 Mönchengladbach-Wickrathberg | **ÖPNV** Bus 019, 006, 007, Haltestelle Wickrathberg | **Öffnungszeiten** Voranmeldung für kleine Gruppen bei der Kirchengemeinde unter Tel. 02166/855506 | **Tipp** Wer rechts hinter dem Eingang die Treppe hochsteigt, steht unterhalb der Orgel. Leuchtet man hier in den Zwischenraum vor der Balustrade, entdeckt man eine uralte, spiegelverkehrte Inschrift: »Sende dein Licht und deine Wahrheit, dass sie mich leite und bringe zu Deinem heiligen Berge …«, zum Wickrathberge sozusagen.

48 Der Kleingärtnerverein

Die Bienen im Visier

Es ist viel los am Bienenstock. Vor dem Eingang herrscht reger Flugbetrieb. Innen ist ein großes Gewusel zu beobachten. Wabe klebt an Wabe, in denen das Volk seine Brut aufzieht. Einige der kleinen Hohlräume sind mit Wachs verschlossen, andere offen. An manchen Stellen haben sich Honigschlieren gebildet. Im Kleingärtnerverein Waldhausener Höhe kann man den Bienen ohne Gefahr ganz nah kommen. Dafür haben die Schrebergärtner einen Bienenstock gebaut, den man öffnen kann. Der Stock ist durch ein Acrylfenster geschützt. So kann man genau beobachten, wie die Bienen arbeiten und der Nachwuchs schlüpft.

Für Stadtkinder ist es gar nicht so einfach, Tiere in der freien Natur zu beobachten. Im Park leben Eichhörnchen und Kaninchen, hier und da krabbelt ein Käfer über den Weg. Dass der sich in die Anlage des Kleingärtnervereins Waldhauser Höhe traut, glaubt man auf den ersten Blick allerdings nicht. Auf den Wegen liegt der rote Schotter ordentlich zwischen den Pflastersteinen. Die Hecken sind akkurat geschnitten. Nur manchmal reckt sich ein Zweig vorwitzig aus der glatten Oberfläche in die Luft. Alles ist aufgeräumt und sauber, das Wort »adrett« scheint für den Kleingärtnerverein erfunden worden zu sein.

Jenseits der Wege summt und brummt es, es zwitschert und flattert, es krabbelt und kriecht. Große Schautafeln erklären, dass hier Schmetterlinge mit eindrucksvollen Namen leben: der Admiral, der kleine Fuchs, Landkärtchen oder Schwalbenschwanz. Die Wege durch die Anlagen sind ein Spaziergang durch den Sachkundeunterricht. Zu vielen Themen stehen Tafeln am Wegesrand, mit denen man Vögel bestimmen kann, die einem den Unterschied zwischen Wild- und Honigbienen erklären und welche Früchte man direkt von den Sträuchern und Bäumen essen kann. Mit dem Honig made by Kleingärtnerverein Waldhausener Höhe kann man ein Glas Natur zum Naschen mit nach Hause nehmen.

Adresse An den Holter Sportstätten 4, 41069 Mönchengladbach-Waldhausen | **ÖPNV** Bus 035, Haltestelle Holter Sportstätten | **Öffnungszeiten** Mo–Fr 10–21 Uhr, Sa, So 9–24 Uhr | **Tipp** Wer gern nascht, sollte unbedingt die Torten und Pralinen der Konditorei Gingter (Hehner Straße 195) probieren. Bei Vorbestellung kann man dort für die Party zu Hause auch herzhafte Torten bekommen (Di–Fr 9–17 Uhr, Sa 7–13 Uhr, So 11–16 Uhr, www.konditorei-gingter.de).

49__Die Kletterkirche

Nur nicht an Weihnachten und Ostern

Das Paradies sieht für jeden von uns anders aus. Für Kletterer, die in die alte Mönchengladbacher Kirche St. Peter und damit in die erste Kletterkirche Deutschlands kommen, wahrscheinlich genau so. Seit 2010 öffnet die Kirche ihre Pforten und bietet für jedes Trainingslevel etwas. An den Wänden mit den bunten Griffen markiert jeweils eine Farbe die Routen mit Schwierigkeitsgraden von eins bis zwölf. Taufstein und umgearbeitete Kirchenbänke erinnern an früher, das Klima ist angenehm kühl. In der ehemaligen Sakristei sind jetzt die Umkleiden untergebracht, und sogar das große Jesus-Mosaik ist noch da, selbst wenn es, von der stabilen Verkleidung komplett verdeckt, unsichtbar ist.

Als hier in Waldhausen aus zwei Gemeinden eine und das Gebäude mit Glockenturm frei wird, kommt Simone Laubers und Klaus Fasbenders Konzept auf den Tisch. Die Betreiber brauchen eine Weile bis zum einstimmigen Hallelu-Ja! der Kirchenleute. Das Argument, in der alten Kirche auf 1.300 Quadratmetern viele Menschen zusammenzubringen, überzeugt schließlich.

Vertrauen brauchen junge und ältere Anfänger, Fortgeschrittene und Profis hier übrigens weniger in eine höhere Macht als in die Mitkletterer, die sie sichern. Wer Mut hat, entschließt sich zum Pendelsprung und schwingt sich aus acht Meter Höhe in die Kletterhalle hinein. »Das Abenteuer über die Planke« kann von denen, die lieber zuschauen, von der Empore aus bestens bewundert werden. Beim sogenannten Bouldern übt man ohne Seil oder Gurt auf Absprunghöhe und weich gepolstert seine Klettertechnik. Je nach Jahreszeit warten im Außenbereich auch noch Riesenleiter, Slack- oder Highline.

Theoretisch ist das Gebäude wieder komplett rückbaubar. Dass das aber geschehen wird, daran glaubt eigentlich keiner. Die (Kletter-) Kirchgänger von St. Peter kommen stattdessen zu Vorstiegs- und anderen Kursen oder zum offenen Treff.

Adresse Nicodemstr. 36, 41068 Mönchengladbach | **ÖPNV** Bus 013, 023, Haltestelle Waldhausen Kirche | **Öffnungszeiten** Mo 16–22 Uhr, Di–Fr 12–22 Uhr, Sa, So, Feiertage 10–20 Uhr | **Tipp** Mit Spaß die Bodenhaftung verlieren? Das geht auch im Hi-Fly-Trampolinpark, 750 Meter von der Kletterkirche entfernt (An den Holter Sportstätten 1).

50 Das Kloster Neuwerk

Mönchengladbachs »novum opus«

Die meiste Zeit seiner 900-jährigen Geschichte hat das Kloster den Ort Neuwerk stark geprägt. Die Kirche war als Pfarrkirche Mittelpunkt des Gemeindelebens, das Krankenhaus ist heute noch Zentrum des Stadtteils. Wie groß die Klosteranlage einst war, zeigt ein Modell vorne an der Einfahrt. »Novum opus«, neues Werk, wird das Klostergebäude genannt. Bis heute gibt es dem Stadtteil seinen Namen. An der Einfahrt fährt man fast vorbei, so sehr ist das Kloster im Stadtbild in den Hintergrund gerückt. Zur Pforte führt der Weg durch den Garten, vorbei an Hortensien und einem Seerosen-Teich. 28 Schwestern der Gemeinschaft der Salvatorianerinnen leben im Kloster. Einige sind noch im Krankenhaus aktiv. Die Neuwerker lieben »ihre« Schwestern, die jedem Besucher herzlich und hilfsbereit begegnen.

Im Garten vor der Klosterpforte ist man allein mit Vogelgezwitscher und Schmetterlingen. Der Lärm von der Straße schafft es nicht bis hierher. Kaum zu glauben, dass hinter den Klostermauern einst erbitterte Kämpfe um die Macht stattfanden. Ende des 17. Jahrhunderts zerstreiten sich die Benediktinerinnen, die das Kloster 1130 gegründet haben. Zwei Äbtissinnen beanspruchen die Führungsrolle für sich. Die frommen Damen sollen sich jahrelang so heftig gezankt haben, dass der gute Ruf des Klosters litt und bis zur Auflösung aller Klöster durch die französische Besatzung 1801 auch nicht wiederhergestellt werden konnte.

Von solchem Zwist ist heute nichts mehr zu spüren. Ab und zu begegnet man hier oder in der Klosterkirche einer Schwester der Salvatorianerinnen. Die übernahmen das Kloster 1961 von den Franziskanerinnen. Letztere zogen 1889 mit drei Schwestern ein und gründeten das Krankenhaus. Damals wurde die Klosterkirche noch als Pfarrkirche genutzt. Das änderte sich, als 1963 eine neue Kirche gebaut wurde. Von da an wurde es immer ruhiger um das zweitälteste Bauwerk der Stadt.

Adresse Dammer Straße 165, 41066 Mönchengladbach-Neuwerk | ÖPNV Bus 007, 010, 015, 036, SB1, Haltestelle Neuwerk Markt | Öffnungszeiten Kloster nur von außen zu besichtigen, Klosterkirche immer zugänglich | Tipp Im Prior-Haus vor dem Kloster hat der Heimatverein ein Museum eingerichtet. Zu sehen sind viele Alltagsgegenstände aus früheren Zeiten sowie eine Klompen- und eine Schuhmacherwerkstatt (April–Okt. jeden 1. Mo im Monat 17–19 Uhr oder nach Vereinbarung, www.neuwerker-heimatfreunde.de).

51 Das Kolumbarium

Die toten und die lebenden Konzertgäste

Wenn man die 24 Stufen zur eisernen Pforte von St. Kamillus hinaufgeht, ist es so, als würde man eine Himmelsleiter emporsteigen. Man kann sich gut vorstellen, wie die Welt staunte, als der Kirchenbaumeister Dominikus Böhm 1929 auf der Weltausstellung in Barcelona seine Pläne für das Gotteshaus präsentierte.

Wer es nicht weiß, merkt nicht sofort, dass er hier einen Friedhof betritt. Die Urnengräber sind mit Platten aus Messing und Marmor verkleidet, Letzterer wird von hinten beleuchtet. Die Materialien und das Licht veredeln den Kirchenraum auf dezente Weise. Unter den Füßen knarzt leise der denkmalgeschützte Holzboden. Durch 21 schmale hohe Fenster fällt das Licht in den Chorraum und öffnet ihn wie einen Saal. Die schlanken Betonpfeiler zwischen den Fenstern lassen den Raum noch höher wirken. Ja, so wie dieser großzügige Kirchenraum könnte der Himmel sein.

Fast 90 Jahre nach der Einweihung ist die Architektur von St. Kamillus genauso modern und spektakulär wie damals. 2014 verkaufen die Kamillianer das Gotteshaus und die dazugehörenden früheren Klostergebäude an einen privaten Investor, die Kirche wird profaniert und zu einer Grabeskirche umgebaut.

Obwohl St. Kamillus ein Ort der Trauer ist, ist die Kirche kein trauriger Ort. Denn nicht nur die Toten sind hier versammelt, auch die Lebenden finden sich hier regelmäßig ein, um ein paar Stunden zu verbringen. Ganz selbstverständlich kommen Besucher ins Gespräch, lauschen Jazz-Konzerten und Talkrunden oder schauen sich Ausstellungen an. Wenn man in die Gesichter bekannter Persönlichkeiten wie Frank-Walter Steinmeier, Mario Adorf, Andrea Sawatzki oder Anna Loos schaut, kommt einem der Ort sehr vertraut vor. Die Porträts der vier sind Teil des Kunstwerks »Heimat. Deutschland – Deine Gesichter« von Carsten Sander. 1.000 Gesichter schauen auf den Besucher herunter – manche der Porträtierten leben nicht mehr.

Adresse Kamillianer Straße 40, 41069 Mönchengladbach-Dahl | **ÖPNV** Bus 009, Haltestelle Dahl Wasserwerk | **Öffnungszeiten** Mo–Sa 10–19 Uhr, So und Feiertage 8–20 Uhr | **Tipp** Von hier aus ist es nicht weit zum jüdischen Friedhof an der Hügelstraße. Er ist einer von sechs jüdischen Friedhöfen in Mönchengladbach, aber der einzige, auf dem noch regelmäßig Bestattungen stattfinden. Gegründet wurde er 1841, einige Gräber aus dieser Zeit existieren noch (juedischegemeindemg@gmx.de).

52 Kothausen

Das unterschätzte Kleinod

Dass Kothausen 2004 durch eine Toilettenpapierwerbung, in der das Ortsschild eine Sekunde lang gezeigt wurde, in ganz Deutschland bekannt wurde, haben die Dorfbewohner mit Humor genommen. Sie wissen ja, dass die Silbe »Kot« im Ortsnamen aus dem Altniederdeutschen stammt und so viel wie »Erde« heißt. Und sie kennen die Vorzüge von Kothausen. Das Wichtigste aus der Dorfchronik haben die Einwohner auf einem Messingschild am Ortseingang gleich mal selbst festgehalten.

So erfährt man, dass das Dorf 1997 im Wettbewerb »Unser Dorf soll schöner werden« siegt. Die Dorfstraße, die sich durch den Ort schlängelt, führt einen direkt zu einem dafür überzeugenden Grund: der Obstwiese. Die Bewohner verlassen sich nicht darauf, dass ihre Häuser von Landschaftsschutzgebieten umgeben sind, sondern tun aktiv etwas für eine gedeihende Umwelt. Das kommt insbesondere den Steinkäuzen zugute, die es immer schwerer haben, geeignete Nistplätze zu finden. In einem Obstbaum hängt daher eine Niströhre, und jedes Jahr zieht ein Steinkauzpaar hier ein, um seinen Nachwuchs großzuziehen. Aber auch ohne die kleinen Eulen ist die Obstwiese ein echter Hingucker. Weil Kirsche, Pflaume, Apfel und Walnuss nacheinander blühen, dauert die Obstblüte hier besonders lange.

Schon im Jahr 400 gefällt dieser Fleck den Römern so gut, dass sie sich hier niederlassen. 900 Jahre später wird der Frankenhof, der damals Südderhof heißt, erstmals urkundlich erwähnt. Weitere 400 Jahre später, 1754, bauen die Dorfbewohner eine Kapelle. Das kleine Fachwerkhaus nutzen sie bis heute für Andachten und Gebet.

Als Wahrzeichen des Ortes gebührt der Kapelle ein Platz auf einem Bild am Dorfeingang. Umrahmt von den Darstellungen der Freiwilligen Feuerwehr, den drei ältesten Höfen im Ort und einem Hahn. Das Wappentier Kothausens ist im Dorf als Weißdornbusch, der in Form des stolzen Federviehs geschnitten wurde, präsent.

Adresse 41179 Mönchengladbach | **ÖPNV** Bus 025, Haltestelle Kothausen Kapelle, Bus 007, 017, Haltestelle Mönchengladbach Kothausen | **Tipp** Von hier aus kann man das Restaurant Dorthausener Hof im Nachbardorf bequem zu Fuß erreichen. Nach zehn Minuten Gehweg wird man mittags und abends mit leckeren griechischen Gerichten belohnt (Di Ruhetag).

53 Die Kulturküche

Wo nicht jeder sein eigenes Süppchen kocht

In der Kulturküche drängen sich die Leute um verschiedene Food-Stände. Ein Pärchen balanciert Schalen mit dampfenden Nacho-Chips nach draußen, wo Gäste plaudernd unter Platanen sitzen. Eine Band macht Indie-Pop, Kinder spielen in der Sommerabendluft Fangen, und über alldem baumeln quer über die Straße gespannte Lampenschirme. Eat & Chill ist nur eines von vielen Kulturküchen-Events hier im Altstadtquartier. Im gemütlich-stylishen Café sitzt man auf grünen Stühlen, bruncht samstags als Early Bird oder Langschläfer und bestellt an anderen Tagen etwas von der Wochenkarte: eine Veggie-Suppe, einen Kichererbsensalat, rheinische Muhre Jubbel. Es gibt auch vegane Nussecken, dazu Latte oder Mate.

Die Idee hinter dem Angebot: 100 Prozent Genuss, null Prozent Alkohol. Die Kulturküche verbindet so mitten in der Stadt soziale und kulturelle Arbeit mit dem Ziel der Teilhabe – Menschen mit einer Suchterkrankung arbeiten unter kulturpädagogischer Anleitung im Projekt rund um Küche und Bühne. Möglich macht das der Suchthilfe-Träger Intres GmbH, der die Kulturküche 2013 als gemeinnütziges Projekt gründet.

Wie überall spielt sich die echte Party auch hier in der Küche ab. Viereinhalb Jahre gab es den Kitchentalk mit Stadionsprecher Knippi, heute finden noch Küchenkonzerte, gemeinsames Singen, Kleinkunst und kreative Wechselwirkungen mit den Selbstständigen aus den oberen Stockwerken statt. Ein Ort für Ideen, Begegnungen, Inspiration, da, um Gegensätze zu verbinden und um mit anderen Engagierten gemeinsame Sache zu machen.

Eine davon ist die Fairtrade-Initiative, zu der Mönchengladbach seit 2016 als offizielle Fairtrade-Stadt zählt. Es engagieren sich bereits viele Unternehmen. Der Fair-Führer im Netz zeigt, wer dabei ist. Die Idee, eine Fairtrade-Town zu werden, kam übrigens von Gladbachern selbst – damit hier nicht jeder sein eigenes Süppchen kocht, sondern zusammen is(s)t wie in der Kulturküche.

Adresse Waldhausener Straße 64, 41061 Mönchengladbach | ÖPNV Bus 003, 033, Haltestelle Grünewald, oder 5 Minuten vom Alten Markt die Waldhausener Straße hinunter | Öffnungszeiten Informationen und Veranstaltungen unter www.kulturkueche.com | Tipp Gegenüber der Kulturküche öffnet freitagnachmittags und samstagmorgens das Geschwisterprojekt Vinyl Garage. Hier gibt es, ebenfalls non-profit, eine gut sortierte Plattenauswahl von secondhand bis zu ausgewählten Neuerscheinungen.

54 Das Kunstfenster Rheydt

Ein Hauch von Eleganz

Die Idee, im Schaufenster eines ehemaligen Friseursalons Kunst zu zeigen, entsteht quasi im Vorbeigehen. Jeden Tag kommt Martin Hülbrock an diesem Haus vorbei, in dem 1955 der Friseursalon Wallmüller eröffnet wird. Den Salon gibt es schon lange nicht mehr, aber der Namenszug hängt noch immer weit sichtbar am Haus. Darunter verleiht das Schaufenster der Straße einen Hauch von Eleganz: 125 Zentimeter hoch, 80 Zentimeter breit und 15 Zentimeter tief, im Stil der 1955er Jahre. Der ideale Platz für Kunst, denkt sich Hülbrock, findet Mitstreiter und gründet den Verein Kunstfenster Rheydt. 2006 ist Mario Wegerl der erste Künstler mit einer Ausstellung.

Seitdem wird alle zwei Monate eine Gruppe von Frauen und Männern vor dem Haus mit der Nummer 125 beobachtet, die Sekt trinkt und sich unterhält. Wo morgens noch Mülltonnen auf den Gehwegen darauf warten, geleert zu werden, finden abends zeitgleich Vernissagen und Finissagen statt. Früher zeigten hier Fotos neue Frisurentrends und bewarben Haarspray und Shampoo. Heute werden in dem geschwungenen Fenster im Stil der 1950er Jahre Fotografien, Zeichnungen, Gemälde, Texte und Skulpturen präsentiert.

Das Spektrum der Künstler ist breit gefächert: Neben ambitionierten Hobby-Künstlern zeigen hier auch anerkannte Künstler wie Antje Prömper und Ingo Wegerl ihre Arbeiten. Mit den Jahren hat sich der Verein in Künstlerkreisen einen Ruf erworben, der bis nach Düsseldorf und Berlin reicht. Auch bei den Passanten kommt das Fenster gut an. Nur ein einziges Mal wird es beschädigt, weil jemand ein Gurkenglas hineinwirft. Wesentlich öfter kann man Menschen beobachten, die kurz innehalten und sich ansehen, was es Neues im Fenster zu sehen gibt, bevor sie ihren Weg fortsetzen. Es lohnt sich, immer wieder mal vorbeizukommen. Welcher Künstler das Fenster als Nächstes bestückt, gibt der Verein auf seiner Homepage bekannt.

Adresse Hauptstraße 125, 41236 Mönchengladbach, www.kunstfenster-rheydt.de | **ÖPNV** Bus 016, 019, Haltestelle Rheydter Markt; Bus 004, 006, 016, 019, 097, SB4, SB81, Haltestelle Rathaus Rheydt | **Öffnungszeiten** frei zugänglich | **Tipp** Geht man die Hauptstraße Richtung Rheydter Innenstadt hinunter, kommt man direkt zur evangelischen Hauptkirche am Marktplatz. Das 1902 erbaute Gotteshaus lohnt allein wegen seiner Architektur einen Besuch.

55 Die Kunstkammer

Merkwürdiges aus dem Kabinettschrank

Schon das Schlendern zum Museum fühlt sich nach einer Zeitreise an, die auf Schloss Rheydt 1180 beginnt. Ein paar Jahrhunderte später lässt Otto von Bylandt 1558 das Gemäuer zur Wasserschlossanlage für sich und seine Familie umbauen. Heute ist der letzte Ahne lange ausgezogen und hat Platz für ein Museum gemacht. In dem können Besucher mit Interesse an Kuriosem außergewöhnliche Stücke betrachten. Präsentiert werden sie in einer Kunst- und Wunderkammer, wie sie vor rund 500 Jahren in Mode kommt. Damals, in der Frühen Neuzeit, entwickeln sich Kunst und Wissenschaft rasant, eröffnen sich geistig und geografisch neue Welten. Entdecker bereisen die Kontinente und kommen mit faszinierenden Fundstücken zurück. Bald beginnen Adlige und Reiche, diese neuen und seltsamen Dinge zusammenzutragen.

Ihre Schätze bewahren die Sammler in Kabinettschränken oder in sogenannten Kunst- und Wunderkammern auf – den Vorläufern unserer Museen. Hohe Kunst steht dabei neben Merkwürdigem, egal, ob vom Menschen oder der Natur selbst geschaffen. Materialien wie Schlangenhaut, Elfenbein und Schildpatt sind besonders beliebt, Artenschutzbehörden gibt es noch nicht.

Das Schloss Rheydt präsentiert matroschkaartige Becher-in-Becher, eine transportable Sonnenuhr und pädagogische Spielkarten für Adelskinder wie dem kleinen Ludwig XIV. Auch ein magischer Bezoarstein, so wie er bei Harry Potter vorkommt, ist Teil der Sammlung. Der versteinerte Mageninhalt einer Ziege soll durch Eintauchen ins Trinkgefäß vor Vergiftungen schützen. Am Museumsexemplar hängt für den Transport noch ein Silberkettchen.

Das Museum zeigt dies und mehr: einen Innenlokus (Luxus-Alternative zum zugigen Außenmodell), die Replik einer altrömischen Karte (inklusive Pompeji) und Möbelstücke und Accessoires aus der Gästewohnung von Goebbels. Das Ahnengemälde des letzten Hausherrn Karl Kaspar stammt aus dem 18. Jahrhundert.

Adresse Museum Schloss Rheydt, Schlossstraße 508, 41238 Mönchengladbach | ÖPNV Bus 16, Haltestelle Schloss Rheydt | Öffnungszeiten Di–Fr 11–17 Uhr, Sa, So 11–18 Uhr | Tipp Auch gut für Abstecher in andere Welten sind auf Schloss Rheydt die (Mittelalter-)Märkte und Konzerte, die hier regelmäßig stattfinden. Es werden außerdem Kurse, Führungen und Geburtstagsfeiern mit Programm angeboten.

56 Das Landgericht

Recht eindrucksvoll

Das repräsentable Landgericht auf der Hohenzollernstraße steht als Bau des Historismus und beginnenden Jugendstils unter Denkmalschutz. Hat man hier als Besucher den Sicherheitscheck durchlaufen, eröffnet sich auch im Inneren die Imposanz vergangener Zeiten. Die breiten Treppenaufgänge sind mit Skulpturen verziert, die Lampen den Originalen von damals nachempfunden. Der König von Preußen genehmigt den von den Stadtvätern heiß ersehnten Bau, der ab 1909 auf Vorschlag von Bürgermeister Piecq auf dem Gelände des alten Bahnhofs Bökel entsteht und 1912 fertig wird. Er ist dringend nötig, denn die Zahl der Verfahren wächst parallel zur Stadt und zur Textilindustrie.

Es ist ein Leichtes, sich hier die Eröffnungsfeier des Gerichts vorzustellen. Herren in Frack und Zylinder, die Reden halten und zahlreiche Toasts ausrufen: auf den König und auch auf die Frauen. Auf die Idee, sie einzuladen, kommt keiner.

In dem sich anschließenden Jahrhundert erlebt das Haus geständige, wehrhafte, unverbesserliche Angeklagte. Einmal flüchtet ein frisch Verurteilter aus dem offenen Fenster des Sitzungssaales, klettert an der Regenrinne in die Tiefe und verschwindet. Ein Einbrecher alter Schule hingegen freut sich: Seine erneute Inhaftierung fällt auf den Freitag, und das bedeutet Erbsensuppe im Gefängnis nebenan. Die Kost genießt damals bei Häftlingen über die Stadtgrenze hinaus einen so guten Ruf, dass sich Verurteilte wünschen, wenn schon, dann in Gladbach einzusitzen.

Unangemeldet möglich ist für jeden Bürger der Besuch einer der vielen öffentlichen Verhandlungen. Hier steht man für das Gericht auf, hört Angeklagte und Verteidiger und bildet sich still ein eigenes Urteil. Vielleicht trifft man dort auch auf Berufsbesucher, also auf die, die oft kommen. Der Urteilsspruch ist gefallen, man verlässt den Gerichtssaal und schnuppert Mittagessensduft? Auf in die Kantine – sie steht auch Gästen offen.

Adresse Hohenzollernstraße 157, 41061 Mönchengladbach | ÖPNV Bus 002, Haltestelle Landgericht | Tipp Auf der Webseite des Landgerichts gibt es auch einen Link zur Justiz-Auktion. Rolex, Dressursattel, Brautkleid oder Gabelstapler: Hier ersteigert man ganz legal Dinge – garantiert mit Geschichte.

57_Der Lenßenhof

Eine Mauer mit Geschmack

Es summt und brummt, es krabbelt, huscht und schleicht an der Mauer hinter dem Lenßenhof. Lange bevor das Insektensterben in das Bewusstsein der breiten Öffentlichkeit gedrungen ist, entstand auf dem Bio-Bauernhof ein Lebensraum für Bienen, Hummeln, Schmetterlinge und Co. Und das Beste daran: Auch der Mensch kann von dem Angebot kosten. Denn an der kniehohen Mauer gedeihen über eine Länge von 15 Metern 40 Kräuter, die die Kunden des Bauernladens frisch ernten können.

An der Kräutermauer lernt der Gaumen den feinen Unterschied zwischen Goldrandthymian und Zitronenthymian, kann Salbei, Minze und Liebstöckel probieren. Der große, hellblau blühende Rosmarin am Ende der Mauer gibt dem Ort einen romantischen Charakter. Zwischen den aufgeschichteten Steinen befinden sich jede Menge Schlupflöcher und Hohlräume, die Spinnen, Echsen und Mäuse als Nest oder Jagdrevier nutzen.

Auf dem Biohof erfahren Besucher viel über eine nachhaltige Lebensweise. Die dicht mit Gräsern bewachsene Grube am Ende des Weges ist kein Teich, sondern eine Kläranlage. Die Pflanzen binden Nährstoffe und Stickstoff. Werden sie zu groß und müssen geschnitten werden, wird der Grünschnitt kompostiert und kommt später auf das Feld. Die Hausdächer sind insektenfreundlich begrünt. Die Schafe, die auf der Weide an der Einfahrt genüsslich ihr Gras kauen, liefern mit ihrer Wolle das Material für Dünger.

Seit 1993 bewirtschaftet Joachim Kamphausen den Hof nach den Prinzipien des ökologischen Landbaus. Der Landwirt führt den etwa 250 Jahre alten Vierkanthof mit den roten Ziegelhäusern in der vierten Generation. Einmal im Jahr lädt er dazu ein, hinter die Kulissen des Betriebes mit Hofladen und Felder zu schauen. Dann empfiehlt es sich, Gummistiefel mitzubringen. Denn er führt seine Gäste auch aufs Feld. Dorthin, wo Kartoffeln, Kohl und Erdbeeren über das Jahr in Ruhe und naturbelassen wachsen.

Adresse Lenßenhof 174, 41199 Mönchengladbach-Odenkirchen | ÖPNV Bus 022, Haltestelle Merodestraße, Lenßenhof in wenigen Minuten zu Fuß zu erreichen, noch besser mit dem Fahrrad | Öffnungszeiten Mo–Fr 9–18.30 Uhr, Sa 9–14 Uhr | Tipp Es lohnt sich, einen Spaziergang auf den offiziellen Wirtschaftswegen rund um den Lenßenhof zu machen. Auf den Feldern leben Hasen, Feldhühner, Feldlerchen und viele andere Tiere, die man von den Wegen aus gut beobachten kann.

58 Die Lichthof-Werbung

Zurück in die Zukunft

Werbung gehört zu einer Stadt wie Häuser und Straßen. Sie ist auch ein Dokument des Zeitgeistes. Sofort ist erkennbar, wenn Werbetafeln und Anzeigen in die Jahre gekommen sind. Im besten Fall wecken sie dann nostalgische Gefühle. So wie die Reklame über dem Imbiss an der Kreuzung Viersener Straße/Marienburger Straße, die für ein Geschäft im Lichthof wirbt.

Belehrend hebt der Fuchs einen Zeigefinger, mahnend schaut er die Passanten über seinen Brillenrand an. »Rasierer kauft man im Lichthof«, teilt Meister Reineke den Autofahrern und Fußgängern mit, die an der Ampelkreuzung warten. Der Name des werbenden Geschäfts steht in dicken roten Lettern darunter: Electronics. Das Kaminrohr, an dem sich die Zeilen ausrichten, wirkt wie ein großes Ausrufezeichen.

Jeder, der hier vorbeikommt, sieht sofort, dass die Aufforderung nicht mehr aktuell ist. Selbst dann, wenn er nicht weiß, dass die Geschichte des Lichthofs 2012 endet. Nach über 60 Jahren muss er dem Bau des neuen Einkaufszentrums Minto weichen. Viele Jahre haben hier kleine Fachgeschäfte ihre Waren angeboten. Aber der Wandel im Einzelhandel geht auch am Lichthof nicht spurlos vorbei. Am Ende sind die Leerstände unübersehbar in der einst zukunftsweisenden Passage.

Als der Lichthof 1949 gebaut wird, sind die Spuren des Krieges an der Hindenburgstraße noch allgegenwärtig. Mit ihm zieht wieder etwas Luxus in die Einkaufsstraße. Halbrund wölbt sich ein Glasdach über den 5,50 Meter breiten Weg, der in kleinen Terrassen den Höhenunterschied zwischen der Hindenburgstraße und der Steinmetzstraße überwindet. In Deutschland ist das etwas vollkommen Neues. Anfang Dezember 1949 eröffnen die ersten Geschäfte: Lebensmittel, Kaffee, Tabakwaren, Wäsche, Mode, Bücher und Radios. Wo heute der Eingang 1 des Minto ist, geht es damals in den Lichthof. Er bleibt in Erinnerung. Der Reklame-Fuchs macht's möglich.

Adresse Viersener Straße 232, 41063 Mönchengladbach | **ÖPNV** Bus 009, 019, Haltestelle Lochnerallee; Bus 035, Haltestelle Rembrandtstraße | **Tipp** Schräg gegenüber steht die Pop-Art-Haltestelle Lochnerallee. 2014 haben 20 Schülerinnen der Bischöflichen Marienschule den grauen Betonbau im Stil des Künstlers Keith Haring bemalt.

59_Der Maarplatz

Unter den Augen des Kaisers

Der Kaiser hat alles im Blick. Seit 1893 schaut die Büste von Kaiser Wilhelm I. über den Maarplatz. Wobei sie ihren Platz streng genommen nicht immer dort hatte, denn im Zweiten Weltkrieg sollte sie eingeschmolzen werden. Die Büste verschwand, wurde in einem Schuppen gefunden, zum Schloss Rheydt gebracht und dort in einem Keller vergessen. 1970 hat man sie dort wieder gefunden und auf dem Maarplatz aufgestellt. Seitdem hat sie diesen malerischen Ort in Geneicken fest im Blick, den die Anwohner in den vergangenen Jahren zu ihrem Nachbarschaftsgarten gemacht haben.

Der Maarplatz ist das Zentrum des Quartiers. Als Erstes fällt der bunte Bücherschrank auf, das neueste Werk einer engagierten Bürgerinitiative und des Heimatvereins. Der Schrank ist ein Einzelstück, von den Anwohnern selbst entworfen und gebaut – genauso wie die Boulebahn oder die bunten Sitzbänke, von denen jede anders gestaltet ist. Donnerstags treffen sich die Nachbarn zum Boule unter den Platanen. Dazu gibt es Wein und Käse, und es wird geklönt. Im Mai findet der Maitrödel statt, alle zwei Jahre feiern die Anwohner das Tuckelfest, und am ersten Adventswochenende stellen sie gemeinsam den geschmückten Weihnachtsbaum auf.

Man kommt gar nicht daran vorbei, den Maarplatz zu sehen – auch nicht als Autofahrer. Denn kurz bevor die Geneickener Straße in einem Schlenker an ihm vorbeiführt, verengt sich die Straße so, dass man abbremsen muss. Das haben die Anwohner durchgesetzt, als es ihnen zu viel wurde, dass Tausende Autos und LKWs an den alten Fachwerkhäusern vorbeidonnerten. Noch heute hängt ein Protestplakat an einer Häuserwand.

Bis in das 15. Jahrhundert reicht die Entstehung der alten Häuser mit den Holzläden zurück. Einige sind ein wenig windschief, immerhin gehören sie zu den ältesten Häusern der Stadt. Damals ist der Maarplatz noch kein Platz, sondern ein Teich mit Fischen – ein Maar.

Adresse Maarstraße, 41238 Mönchengladbach | ÖPNV Bus 006, Haltestelle Franziskuskirche; Bus 016, Haltestelle Memelstraße | Öffnungszeiten immer zugänglich | Tipp Ganz in der Nähe ist das Grenzlandstadion, das dritte große Stadion in Mönchengladbach und DFB-Stützpunkt. Nicht nur Fußball kann man hier spielen: Neben den Spielfeldern für Mannschaftssportarten sind vor allem die Leichtathletik-Stationen beliebt, Läufer schätzen die Rundbahn, die im Winter abends beleuchtet ist (Jahnplatz 20).

60__Der Marienplatz

Das stumme Glockenspiel

Ältere Bewohner müssen in ihrem Gedächtnis kramen, um sich daran zu erinnern, wann das Glockenspiel damals ertönte und die Passanten zumindest für die kurze Sekunde beim Einsatz der Melodie innehielten. Jüngere kennen die Glockentöne nicht, denn schon einige Zeit sind die Glocken verstummt. Still geworden ist es deshalb auf dem Marienplatz nicht. Der Platz rund um die Kirche St. Marien ist jeden Tag von früh bis spät belebt. Seit er neu gestaltet ist, haben es die Menschen gar nicht mehr so eilig weiterzukommen.

Auf der kniehohen Mauer an der Kirche sitzt eine Gruppe Jugendlicher und hört Musik, ein Stück weiter weg wird telefoniert, und Kinder springen fröhlich über das Stadtmobiliar. Was woanders verpönt ist, ist in Rheydt erlaubt – an vielen Stellen sogar ausdrücklich erwünscht. Bei der Planung des Platzes ist ein wesentlicher Punkt, dass Stadtkinder hier spielen können. Dafür werden sie nach ihren Vorstellungen gefragt, sie gehen mit den Stadtplanern durch die Innenstadt, identifizieren geeignete Plätze für Spielstationen und entwerfen selbst Ideen für ihre Wunschspielplätze.

So werden Teile des Marienplatzes zu Spielplätzen, die vor allem eines sollen: Kinder in Bewegung bringen. Leicht zu finden sind die drei Platten mit verschiedenen Oberflächen zum Springen und Balancieren, auf denen die Kleinen hüpfend in fremde Fußstapfen steigen. Sie liegen direkt neben der Kirche. Vom Café auf dem Platz hat man sie gut im Blick.

Entdecken muss man die überdimensionierten Bücher hinter dem Geschäftsgebäude. Hinter der Buchhandlung stapelt sich die Riesenlektüre, durch die sich der Bücherwurm frisst. Jedes Kind, das hier auf die Buchrücken klettert, sieht es irgendwann: Auf dem Dach des Gebäudes ist das Glockenspiel. Seit Mitte der 1950er Jahre hängen die 14 Glocken hier. Fast 60 Jahre erfreuten sie die Rheydter mit ihrer Melodie. Jetzt sind sie stumm. Ruhig ist es deswegen nicht.

Adresse 41236 Mönchengladbach | **ÖPNV** Bus 001, 002, 004, 006, 014, 016, 019, 020, 022, 024, 097, SB1, SB81, Haltestelle Marienplatz | **Tipp** Eine ungewöhnliche Deckengestaltung hat die Marienkirche, nach der der Platz benannt ist. Die hellblaue Decke ist in Falten gelegt, was ein bisschen an die Struktur eines Wolkenhimmels erinnert.

61 Die Metzgerei für Tiere

Wo Kultur (nicht) Wurst ist

Im Vorbeigehen sieht das Schaufenster in Eicken anders aus, als man es von einer Metzgerei erwarten würde. FressKultur heißt der Laden. Warum nicht, der Niederrheiner mag es ja bodenständig, und schließlich spricht man auch von Fresskörben, wenn es um zusammengestellte Leckereien geht. Die gibt es hier tatsächlich, allerdings für Hunde und Katzen. In Gladbachs erster Metzgerei für Vierbeiner kommt nur Fleisch aus lokaler, artgerechter Haltung in die Auslage und in die Menürollen.

Gerade stehen die Labradore Rubi und Pola vor der Vitrine. Sie warten wie kleine Kinder, die wissen, dass es an der Theke immer eine Scheibe Fleischwurst gibt. Die Inhaberin Sylvia Werner kennt beide. Sie reicht jedem von ihnen ein Stückchen Gulasch, während die Besitzerin freundlich-konzentriert die Auslage sondiert.

Barfen, also Tiere wie ihre wilden Vorfahren möglichst roh und naturbelassen zu ernähren, wird kontrovers diskutiert. »Barf« steht übrigens für »bones & raw food« oder auch etwas geschmeidiger für »biologisch artgerechtes rohes Futter«. Darauf setzen Sylvia Werners Stammkunden, von denen 50 Prozent auch kommen, weil ihre Tiere Allergien haben und Fertigfutter nicht vertragen.

In Eicken gibt es zum Sortiment immer auch Antworten auf Fragen in Sachen Futter ohne künstliche Geschmacksverstärker, Zusatzstoffe oder Zucker. Sylvia Werner führt die FressKultur im ehemaligen Ladenlokal einer Metzgerei für zweibeinige Konsumenten seit knapp zehn Jahren. Die Kunden mögen, dass die ehemalige Hundetrainerin und langjährige Hundebesitzerin alle Bezugsquellen persönlich kennt und Qualität so wichtig nimmt.

Rubi und Pola sitzen vor der Theke und fegen schwanzwedelnd die Bodenfliesen. Die Ohren sind aufgestellt, die Augen glänzen: Aus dem Einkaufskorb ihrer Besitzerin ist gerade ein Fresskorb geworden.

Für sie duftet er nach Schlaraffenland.

Adresse FressKultur, Eickener Str. 99, 41061 Mönchengladbach | ÖPNV Bus 002, 003, 033, Haltestelle Matthiasstraße | Öffnungszeiten Di–Fr 14.30–18.30 Uhr, Sa 10–13 Uhr | Tipp Die »Traumfabrik« ist ein charmantes kleines Café am Aretzplätzke ganz in der Nähe. Hier gibt es leckeres Essen, kreative Produkte und hin und wieder Kultur. Freundliche Hunde sind willkommen.

62 Der Mittelpunkt

Die wahre Stadtmitte

Fragt man nach der Stadtmitte, fallen die Antworten unterschiedlich aus: Die Bewohner von Rheydt und den angrenzenden Stadtteilen im Westen meinen damit in der Regel den Bereich zwischen evangelischer Hauptkirche und der katholischen Kirche St. Marien. Wer in Mönchengladbach und den östlichen Stadtteilen zu Hause ist, sieht in dem Stück Hindenburgstraße zwischen Alter Markt und Europaplatz die Stadtmitte. Freunde der geografischen Präzision aber müssen zugeben: Beide irren. Der messbare Mittelpunkt der Stadt liegt »jott we de«, was am Niederrhein die Abkürzung für »janz weit draußen« ist.

Der Trubel eines Zentrums fehlt hier komplett. Es gibt keine Geschäfte, keine Cafés, nicht mal Wohnhäuser. Wer in die Mitte der Stadt will, folgt auf dem Kompass den Koordinaten 51 Grad, zehn Minuten nördlicher Breite und sechs Grad, 24 Minuten östlicher Länge und steht – auf einem Feld im Stadtteil Rheindahlen-Land. Niemand muss auf den Acker laufen und Ärger mit dem Landwirt riskieren, wenn er genau auf dem geografischen Mittelpunkt der Stadt stehen will. Praktischerweise liegt er direkt am Rand des Feldes, auf einer mit Platten ausgelegten Fläche von 2,10 mal 3,80 Metern.

Von der östlich liegenden A61 dringt ein gleichmäßiges Rauschen herüber. Lkws ziehen in einer Reihe entlang des Horizonts. Vielstimmiges Vogelgezwitscher in den Bäumen und Büschen rings um das Feld untermalt die Autobahn-Melodie. Stromleitungen halten orange Luftwarnkugeln in den blauen Himmel. Im Westen kann man am Ende des Weges einige Häuser erkennen. Die Bewohner führen hier ihre Hunde aus und nutzen ihn als beliebte Laufstrecke, hin und wieder kommt ein Radfahrer vorbei. Ansonsten ist es sehr ruhig. Dort, wo das Feld an eine Kreuzung zweier Wege stößt, steht eine Holzbank. Wer Ruhe sucht, um seine Mitte zu finden, ist hier, in der geografischen Stadtmitte, genau richtig.

Adresse Pfingsgraben, 41069 Mönchengladbach-Rheindahlen-Land | ÖPNV Bus 007, 014, 017, 035, Haltestelle Am Nordpark | Öffnungszeiten frei zugänglich | Tipp Richtung Rheydt gehend kommt man durch den Stadtwald zur ehemaligen Textilfabrik in Morr. Die Halle mit dem auffälligen Bogen und den zwei Türmen wurde 1906 fertiggestellt. Sie war die erste Fabrik, in der alle Abteilungen von der Verwaltung bis zur Produktion ebenerdig waren (Dahlener Straße 562–570).

63 Die MonRo-Ranch

»They wanna be loved by you«

Eine Ranch in einer deutschen Großstadt? Nun, der Hof sieht genauso wenig nach Wildwest aus wie Gladbach hier nach Großstadt. Der Ortsbesuch lohnt sich trotzdem. Mitten in Rheindahlens Honschaft Merreter liegt der Lebenshof, das erste und einzige Tierhospiz der Stadt und ein artgerechtes Zuhause für ehemals notleidende Pferde, Schwarznasenschafe, Waschbären, Schweine, Ziegen, Katzen, Gänse, Lamas und Alpakas. Seit dem Spätsommer 2018 führt Alina Bell mit ihrem Ehrenamtler-Team die MonRo-Ranch im Sinne von »Optimismus rockt es«. Die Vorsitzende kümmert sich auch darum, dass es hier bald wieder nach Texas aussieht – bis dahin steht noch einiges auf der To-do-Liste. Ein neuer, geräumiger Holzunterstand mit Brandzeichen macht den Anfang.

MonRo – Monika und Roman Kremers – starteten das Unternehmen 2005 als Pferdeschutzhof. Er wurde schnell zum rein spendenfinanzierten Platz für hilfsbedürftige Tiere. Nach dem Tod der Gründer gehört die Ranch nun zum Verein Tier-Refugium Wegberg e.V.

In Rheindahlen wechseln sich die Freiwilligen täglich ab und sorgen für etwa 70 Vierbeiner und viele Tauben. An den Wochenenden sind zwischen 12 und 16 Uhr Besucher willkommen, die sich für die Tiere mit Charakter interessieren: für Lilly, ein Schaf aus Spanien, Schweinchen Rosi, das mit einem Rottweiler in einer Stadtwohnung lebte und sich für einen Hund hielt, oder Lamm Manni, das mutterseelenallein auf den Rheinwiesen stand.

Auf der Ranch erleben Gäste, wie praktizierte Tierliebe aussieht. Und die braucht immer Unterstützung: Vom Findling fürs Gehege über Scharniere, ausrangierte Gartentore, große Fuhren Sand und Sägespäne bis zum Hundedosenfutter, das die Waschbären lieben, hilft dem Hof tatsächlich alles. Wer ein großes Herz hat und regelmäßig kommen will, kann hier mitbauen, ausmisten oder zum Profistreichler liebesbedürftiger Katzen werden. Alles für ein Happy End in den Geschichten der Lebenshoftiere von Gladbach.

Adresse Merreter 33, 41179 Mönchengladbach | ÖPNV RB nach Merreter | Öffnungszeiten Sa, So 12–16 Uhr | Tipp Um die Ecke steht der Flachshof mit Fachwerk und Garten. Gäste schnuppern hier entschleunigt Landluft und bestellen von der abwechslungsreichen Karte.

64 Der Mühlenbach

Die simulierte Natur

Der Bach ist nach einer längeren Trockenperiode ein Rinnsal, und doch ist es feucht im Mühlenbachtal. An seinen Ufern und Ausläufern glänzt der dunkle, sumpfige Boden. Die Gräser, Bäume und Büsche sehen saftig grün aus, und die Böschungen, die sich zur Straße hochziehen, sind weich von der Feuchtigkeit. Mächtige Eichen, an deren Stämmen Efeu hinaufklettert, hüfthohe Brennnesseln und Buschwindröschen mit Dornen halten allzu neugierige Menschen davon ab, direkt an den Bach zu gehen. Das Mühlenbachtal steht unter Naturschutz. Es ist der Urwald von Mönchengladbach. Menschen haben hier keinen Zutritt. Für sie führt eine Straße von Gatzweiler zur Holtmühle. Dabei folgt sie dem Bachlauf, sodass man ungehindert in das Feuchtgebiet sehen kann.

Der Bach entspringt in Herrath und schlängelt sich frei durch die Landschaft bis zur Einmündung in die Schwalm im Kreis Heinsberg. Sumpfdotterblumen, Buschwindröschen und Wiesenschaumkraut blühen im Frühjahr an seinem Ufer. An den Bachausläufern wachsen Farne, Gräser und Kräuter wie Wasserminze. Was hier so wild und natürlich gewachsen aussieht, ist nicht ganz so natürlich entstanden. Der Mensch hat seine Finger im Spiel und hilft mit Wassereinspeisungen nach. Ohne die wäre das Gebiet trocken, denn das Grundwasser ist durch den Tagebau abgesunken. Auf diese Weise wird eine Natur simuliert, die vom Aussterben bedrohten Tier- und Pflanzenarten Lebensraum bietet.

Als Naturschutzgebiet ist die Senke europaweit anerkannt und Teil des Netzwerks Natura 2000. 27.000 Flächen gehören in Europa zu dem Schutzgebietsnetzwerk. Die Staaten der Europäischen Union haben sich 1992 darauf geeinigt, nach gemeinsamen Richtlinien Naturschutzgebiete aufzubauen. So soll der fortschreitende Artenschwund gestoppt werden. In Mönchengladbach klappt das ganz gut. Rund um das Gewässer haben sich Specht, Ente, Eisvogel, Nachtigall und Fledermaus angesiedelt.

Adresse Gatzweiler, 41179 Mönchengladbach-Gatzweiler | ÖPNV Bus 026, 027, 411, Haltestelle Mönchengladbach-Bau; Bahn RB34, Haltestelle Genhausen, oder mit dem Fahrrad über Merreter/Knoor/Genhausen/Gatzweiler | Tipp Im Café am See Holtmühle kann man sich direkt am Mühlensee vom Vogelbeobachten und Wandern erholen. Die Mühle stammt aus dem 14. Jahrhundert, das Mühlrad treibt damals ein Holzsägewerk an. Seit 1889 werden in der Holtmühle Gäste bewirtet.

65 Die Mundartautoren

Heemoot ess doh – wo man dich versteht

Dialekt ist Heimat zum Mitnehmen. Eine bestimmte Sprachmelodie, ein paar altbekannte Wörter, die 200 Kilometer weiter für Fragezeichen sorgen: Sprache vermittelt ein Zuhause und ein Zugehörigkeitsgefühl.

In Gladbach treffen sich die »Jläbäcker Mundartautoren« in Ohler und heißen dazu auch Interessierte willkommen. Wie andere Gladbacher Gruppen kümmern sie sich um die Pflege des lokalen Wortschatzes, der seine Grundlage im Südniederfränkischen hat. Sie besinnen sich auf Begriffe, die durch die Geschichte Einflüsse aus Sprachen wie dem Jiddischen und Französischen zeigen. Damit die Sprache lebt, schreiben sie Texte und Geschichten. Wenn sie jemand bucht, treten sie ehrenamtlich auf. Ihre Aufgabe: das Plattdeutsche zu pflegen und andere dafür zu begeistern – auch die, die nicht damit aufgewachsen sind. Selbst Baas – Plattdeutsch für Vorsitzender – Kurt Gietzen, Träger der goldenen Ehrennadel der Stadt, hat Platt vor gut 50 Jahren wie eine Fremdsprache gelernt.

Alles wunderbar also? Nicht ganz, der Dialekt kämpft auch am Niederrhein mit seinem Image, selbst wenn sich wieder mehr Menschen für ihn begeistern können. Platt, das keiner festgelegten Schreibweise folgt, gilt lange als die Sprache der einfachen Leute. Kinder, die Platt reden, ermahnt man: »Nun sprich aber mal anständig!«

Auf Wochenmärkten und in Traditionskneipen und -geschäften hört man in Mönchengladbach manchmal noch echtes Platt. Meist wird hier aber, wie im übrigen Stadtgebiet, ein Mischmasch aus Umgangssprache und Mundart geredet. Auch dieser sogenannte Regiolekt verbindet. Uut de lamäng, bekrabbeln, happich, malaad, zurechtzubbeln, kümen: Die Mundart ist stark, bildhaft und verzichtet auf langatmige Umschreibung. Wen sie fasziniert, der kommt vielleicht als Gast oder zukünftiger Autor zum Treffen der Mundartautoren in Ohler.

Adresse Ohler, Ohlerkamp 9, 41069 Mönchengladbach | **ÖPNV** Bus 017, 007, Haltestelle Ohlerkamp | **Öffnungszeiten** offenes Treffen der Mundartautoren jeden zweiten Di im Monat um 19 Uhr in der Gaststätte »Zum Landwehrritter« in Ohler | **Tipp** Auf in die Burggrafenhalle im Oktober: Seit 1981 gibt es die Odenkirchener Plattdeutschabende, auf denen Mundartautoren verschiedener Gruppen ihre neuesten Werke vortragen, singen und Sketche aufführen. Dafür unbedingt vorher Karten besorgen – die über 200 Sitzplätze sind meist ausverkauft.

66 Das Münster

Die lächelnde Schlange

Wenn jemand ein Wort in ein Holztor ritzt, das ihm nicht gehört, ist das Vandalismus. Wenn derjenige Joseph Beuys heißt und das im Rahmen einer Kunstaktion macht, ist das Kunst. So geschehen ist es Karfreitag 1972 am Münsterplatz, während in der Kirche die Messe gefeiert wurde. Seitdem steht auf dem Hauptor des Gladbacher Münsters das Wort »Exit«. Bei fast jeder Stadtführung wird die Geschichte erzählt. Dabei ist das Beuys'sche Werk nur eine von mehreren kuriosen Sehenswürdigkeiten in der Kirche.

Geht man rechts vom Hauptor um das Gladbacher Münster herum, lohnt es sich, gen Himmel zu sehen. Oben an der Südwestwand des Chores fallen sofort die Dämonen auf. Mit schlecht gelauntem Gesichtsausdruck scheinen sie aus der Wand zu schießen und mit ihrem Dasein als Wasserspeier höchst unzufrieden zu sein. Nur ganz links schaut den Besucher ein freundliches Gesicht an. Der Gladbacher Künstler Thomas Virnich hat es 1998/99 geschaffen. Damals mussten zwei der elf Wasserspeier ersetzt werden. Virnich wählt dafür die Schlange. Der Kopf schaut über den Geroplatz, geht man um das Gebäude herum, sieht man, wie sich ihr Schwanz auf der Nordostseite des Chores aus der Mauer schlängelt. Mit dem lächelnden Gesicht will Virnich zur Ehrenrettung der Schlange beitragen, deren Ruf seit der Vertreibung aus dem Paradies ruiniert ist.

Auch innerhalb Gladbachs Wahrzeichen gibt es einige Besonderheiten. Gleich hinter dem Hauptor sollte man sich die Muster auf den Bodenplatten genauer ansehen. Fromme Sprüche sucht man vergebens. Neben Heiligenbildern erkennt man hier in Spiegelschrift Werbung für Spirituosen. Ein Beispiel für den Pragmatismus der Gladbacher: Weil im Krieg auch das Münster in weiten Teilen in Trümmern liegt, wird ab 1946 zur Reparatur auf ungewöhnliches Baumaterial zurückgegriffen. Im Eingang verlegen die Gladbacher alte Lithografie-Druckplatten für Werbeplakate und Bücher, die die B.-Kühlen-Druckerei nicht mehr benötigt.

Adresse Münsterplatz, 41061 Mönchengladbach | ÖPNV Bus 005, 015, 025, Haltestelle Geroplatz | Öffnungszeiten Di–So 10–18 Uhr und zu den Gottesdiensten, Außenbereich jederzeit zugänglich | Tipp Ein weiteres Kunstwerk von Thomas Virnich steht nur drei Gehminuten vom Münster entfernt auf dem Vorplatz zum Rathaus Abtei: »Der Turmbau zu Babel«.

67_Das Museum Abteiberg

Auf Schleichwegen zur Kunst

Egal, welchen Weg man zum Museum Abteiberg nimmt, immer begleitet einen das schöne Gefühl, dass es bergauf geht. Die Hanglage des von dem Architekten Hans Hollein entworfenen Gebäudes führt Besucher auf ungewöhnliche Wege. Im Museum verbinden Rampen und Treppen die Räume auf den verschiedenen Ebenen. Ein Rundgang, wie man ihn aus anderen Museen kennt, ist nicht möglich. Beim ersten Besuch verläuft man sich schnell.

Um hineinzukommen, bietet das Haus eine reiche Auswahl an Eingängen. Der am Johannes-Cladders-Platz wird am häufigsten genutzt. Ein Grund dafür dürfte sein, dass er von den fünf Eingängen am Gebäude am leichtesten zu finden ist. Dabei ist er eigentlich als Nebeneingang gedacht. Als Hans Hollein von dem damaligen Museumsdirektor Johannes Cladders 1972 den Auftrag für die Planung bekommt, schwebt dem Architekten eine Verbindung zwischen Museum und Stadt vor. Eine Brücke wird über die Abteistraße gebaut, die bis in die Innenstadt auf die Einkaufsmeile Hindenburgstraße führen sollte. Weil für den Anschluss aber eine Häuserzeile im Weg steht, liegt die Brücke zum Haupteingang nun in einer Nebenstraße.

Mit seiner Sammlung zeitgenössischer Kunst hat sich das Museum Abteiberg von Anfang an einen Namen gemacht. Arbeiten von Künstlern des Zero, des Nouveau Réalisme sowie der Pop-Art hat das Museum früh angekauft. Diese Weitsicht hat Architekt Hans Hollein auch beim Bau des Hauses und baut es barrierefrei. Die rollstuhlgerechten Eingänge liegen in Ecken. Die hellgrauen Klingelschilder heben sich kaum vom hellen Sandstein der Fassade ab.

Nimmt man den Weg durch den Abteigarten, kann man sich bei der Suche nach dem Eingang schon mal in Ruhe Kunst anschauen. Auf den Ebenen und entlang der Serpentinen stehen Werke internationaler Künstler. Diese Wege führen direkt zum Haupteingang – zu dem, den auch Hans Hollein vorgesehen hatte.

Adresse Abteiberg 27, 41061 Mönchengladbach | **ÖPNV** Bus 003, 008, 009, 013, 023, Haltestelle Abteiberg | **Öffnungszeiten** Di–Fr 11–17 Uhr, Sa, So 11–18 Uhr, jeden 3. Do im Monat 11–22 Uhr | **Tipp** Es lohnt sich, einen Blick auf das benachbarte Huma (Stiftisches Humanistisches Gymnasium) zu werfen. Der Architekt Heinz Döhmen orientierte sich beim Bau am Museum Abteiberg. Die offenen Ebenen der Schule sind durch Gittertore von den umgebenden Straßen einzusehen.

68 Die Mutter-Ey-Skulptur

»Ey, ey, ey, was seh ich da?«

In Wickrath steht eine etwas grobe, in Sandstein geschlagene Skulptur des Bildhauers Peter Rübsam. Vier Tonnen Sandstein verarbeitet er zur Darstellung von Johanna Ey. Es ist nicht das erste Denkmal – in der Düsseldorfer Altstadt begegnet man der Bäckerei- und Kaffeestubenbesitzerin, couragierten Galeristin und Mäzenin an vielen Ecken. Einige Skulpturen, ein Platz und ein Café erinnern an »Mutter Ey«. Lange Zeit gilt sie als meistgemalte Frau Deutschlands. Hier in Wickrath, wo Johanna Ey in der Rheindahlener Straße 72 geboren ist, sind die Spuren undeutlicher: Eine Straße ist immerhin nach ihr benannt, und die Volksbank spendet 1989 besagte Skulptur für die berühmte Tochter der Stadt.

Ihr Start ins Leben 1846 ist etwas holprig. Als Tochter eines trinkenden Tagelöhners kann es Johanna Ey kaum abwarten, ihr Elternhaus zu verlassen. Mit 19 findet sie bei einer feinen Familie in Düsseldorf eine Stelle. Sie heiratet und bekommt zwölf Kinder, von denen acht jung sterben. Mit Anfang 40 lässt sie sich von ihrem gewalttätigen Mann scheiden und bringt sich und ihre vier Kinder von da an allein durch. Als ein Bäckereilokal frei wird, greift sie zu.

Mit der Kaffeestube nahe der Kunstakademie ist sie schnell bekannt für kleine Preise und ein großes Herz. Die Künstler gehen ein und aus, und wer sein Geld schon für Farbe und Terpentin ausgegeben hat, lässt anschreiben, bringt ein Bild vorbei oder verewigt Johanna Ey, wie Otto Dix, auf Leinwand. Bald trifft man sich bei ihr auch abends zum Diskutieren und Rauchen. Werke tapezieren die Wände.

Selbst in den Kriegen bleibt Johanna Ey unbeirrbar. Ihre neu eröffnete Galerie avanciert bald zum Treffpunkt der Künstlergruppe »Junges Rheinland«.

Unter den Nazis geplündert und ausgebombt, erhält Mutter Ey später die Düsseldorfer Ehrenbürgerschaft. Wer nachschauen will, wo alles begann, kommt nach Wickrath.

Adresse Quadtstraße 41, 41189 Mönchengladbach | **ÖPNV** RB Richtung Aachen, Haltestelle Wickrath, 1 Minute Fußweg | **Tipp** Sechs Minuten die Straße runter, Op de Fleet 38, backt die Bäckerei Bähren noch selbst. Eine Spezialität aus der Backstube ist das leckere rheinische Schwarzbrot. Es wird hier seit 1932 mit Sinn für Qualität in unveränderter Rezeptur hergestellt.

69__Die NitroManiacs

Gladbachs Rennstrecke

Das Heulen der Motoren und der Treibstoffgeruch in der Nase lassen keinen Zweifel, wo die Rennstrecke der NitroManiacs ist. Bevor man auch nur einen Wagen sieht, sind sie zu hören und zu riechen. Die RC-Modellrennwagen, die aussehen wie Mini-Tourensportwagen, haben das Grün des Rasenteppichs an einigen Stellen in ein Staubgrau verwandelt. Ein schwarzer Schlauch ist die Leitplanke, die die Rennwagen in der Spur halten soll. Das gelingt nicht immer, wenn die Piloten sie mit Höchstgeschwindigkeit durch die Kurven steuern. Dann fliegt der Wagen durch die Luft, überschlägt sich und bleibt auf dem Dach liegen. Während der Schlauch ungerührt bleibt, eilt ein Streckenposten herbei und setzt das Auto wieder auf die Bahn.

Fast jedes Wochenende treffen sich die Hobby-Piloten auf dem Vereinsgelände in der Nähe des Flughafens. In der Boxengasse werden die Vergaser eingestellt. 150 Milliliter Nitromethan fasst ein Tank. Je nach Fahrstil reicht das für bis zu fünf Runden in 30 Minuten. Vom Fahrerstand aus steuern die Piloten ihre Modellautos, die im Maßstab 1:8 oder 1:10 die Tourenrennwagen nachbilden. Unter dem Fahrerstand werden die Wagen ganz offiziell frisiert, um möglichst viel Motorleistung herauszuholen. Wer Rennen fährt, muss jedoch bei Reifen und Heckspoiler aufpassen. Deren Maße sind oft vorgegeben.

Die Rennstrecke ist einmalig in der Region. Die nächsten sind in Oberhausen und in der Eifel. Über mangelnde Akzeptanz in der Szene können sich die 80 Mitglieder des Vereins NitroManiacs nicht beklagen. Wenn sie öffnen, finden sich immer Gäste ein, um ihre Buggys mit den anderen zu messen. Besucher können das Hobby mit einem Leihwagen testen. Zwei bis drei offizielle Rennen richtet der Verein im Jahr aus. Mit dem Anglühen beginnt die Open-Air-Saison im Frühjahr. Zum Qualifikationsrennen für den NRW-Cup treten jedes Jahr rund 100 Rennpiloten aus Deutschland und den Niederlanden an.

Adresse Am Flughafen 2, 41066 Mönchengladbach, www.nitromaniacs.de | **ÖPNV** Bus 036, 025, Haltestelle Trabrennbahn | **Öffnungszeiten** Fr 13.30 – 19 Uhr Freitagstraining, weitere Termine werden unter facebook.com/rcnitromaniacs veröffentlicht | **Tipp** Ruhe nach der Geräuschkulisse der Rennstrecke findet man im Restaurant Brasserie Lebemann (Krefelder Straße 726). Auf PS muss man dabei nicht verzichten, denn vom Restaurant hat man eine freie Aussicht auf Pferdekoppeln und die Trainingshalle der Reitanlage Abtshof.

70 Das offene Training

Auf der Fohlenwiese

Am Eingang zu den Plätzen warten einige Schüler, ein Fan mit Kutte, zwei ältere Damen und eine Gruppe junger Asiaten in Trikots. Es ist ein Dienstagnachmittag, offenes Training der Borussen. Gerade kommen die Spieler aus der Umkleide und an den Wartenden vorbei. Einige klatschen die Kinder ab, woraufhin die kleinen Gesichter wie angeknipst leuchten. Die Spieler passieren die Security-Leute und traben aufs abgesperrte Gelände.

Die Fohlen, das passt, denn aus dieser Entfernung sehen die Fußballer nicht aus wie millionenteure Bundesligastars, sondern wie ein paar Freunde auf dem Weg zum Kicken. Manche von ihnen scheinen so jung und schmal, dass man ihnen gern einen heißen Kakao mitgeben würde, weil der Wind so kalt weht.

Ihren Namen Fohlen bekommen die Borussen von der Presse in den Sechzigern, als eine Mannschaft voller sehr junger Spieler durch pferdeschnellen Konterfußball Siege feiert.

Hier laufen sich gerade ihre Nachfolger warm, während die mittlerweile vielleicht 40 Zuschauer geduldig beobachten, was passiert. Die Kinder kichern, die Jugendlichen filmen das Rudel-Joggen um die Kunstrasenfelder und das weitere Aufwärmen. Die Spieler albern dabei herum, bis der Trainer sie zusammenruft. Etwas von der Tribüne entfernt steht die Mannschaft jetzt mit dem Rücken zu ihren Zuschauern, die Hände verschränkt. Ob es Manöverkritik zum letzten Spiel gibt oder die Aufstellung fürs nächste besprochen wird, ist von hier nicht auszumachen.

Wenig später trainieren die Spieler in kleinen Gruppen, ganz normal, so wie es auch andere Gladbacher Vereine mehrmals wöchentlich tun. Als jetzt Leibchen ausgeteilt und ein Trainingsspiel angepfiffen wird, zeigen sich die Profis. Nun sprinten und kombinieren hier Bundesligisten keine 50 Meter von den Besuchern entfernt. Die alten Ladys auf der Tribüne stecken die Köpfe zusammen. »Jerda, uns Jungs ma janz nah, schön, nä?«

Adresse Borussia VfL 1900 Mönchengladbach GmbH, Hennes-Weisweiler-Allee 1, 41179 Mönchengladbach | **ÖPNV** Bus 017, Haltestelle Nordpark Busbahnhof, Shuttle an Spieltagen | **Öffnungszeiten** Trainings in der Regel frei zugänglich, Infos in den sozialen Netzwerken oder auf der Internetseite des Vereins | **Tipp** Bei den lokalen Traditionsvereinen wie dem 1. FC und Fortuna Mönchengladbach können Gäste am Wochenende leidenschaftlich gespielten Fußball anschauen. Bei den Jugendspielen und Turnieren gibt es oft selbst gebackenen Kuchen aus der Eltern-Cafeteria.

71 Die Öko-Siedlung

Pioniere in Holzhäusern

In der Straße Grasfreed fällt die Öko-Siedlung auch heute noch aus dem baulichen Rahmen der Umgebung. Zehn bunte Holzhäuser reihen sich so um eine Stichstraße, dass in der Mitte ein kleiner Innenhof entstanden ist. Autos müssen draußen bleiben, nur mit Fahrrädern darf man hier reinfahren. Damit sich auch Ortsfremde daran halten, ist die Einfahrt mit bepflanzten Blumenkübeln verstellt. Es gibt einen Gemeinschaftsraum, und auf der anderen Seite des Hofes steht ein Holztisch mit zwei Sitzbänken, an dem sich die Nachbarn treffen. Es liegt ein Hauch von Bullerbü über der Klima-Siedlung Grasfreed.

Als die Öko-Siedlung 1990 gebaut wird, gilt Bio als alternativer Lebensstil, dessen Image von schrumpeligen Äpfeln, Latzhosen und Gesundheitslatschen geprägt ist. Die Reaktorkatastrophe in Tschernobyl 1986 und ein Jahr später der Kampf um den vom Tagebau bedrohten Stadtteil Wanlo lassen die Gründer der Öko-Siedlung darüber nachdenken, wie man ressourcensparend leben kann. Die Idee der Siedlung wird geboren. Bundesweit ist Grasfreed die erste Wohnsiedlung, die Strom und Wärme in einem eigenen Blockheizkraftwerk gewinnt, in der Stadt ist es das erste überhaupt. Für den Bau der Häuser werden ausschließlich ökologische Materialien verwendet: die Wände bestehen aus Holzrahmen, die mit einer Masse aus recyceltem Zellstoff verfüllt sind. Nur die Keller und die Wände zu den Nachbarn sind aus Stein. Die Bewohner sammeln in unterirdischen Tanks das Regenwasser von den Dachflächen und nutzen es für Toilettenspülungen und Gartenbewässerung. Für alle Beteiligten ist das Bauprojekt Öko-Siedlung sehr experimentell, weil Fachleute damals rar sind.

In den ersten Jahren sind die Bewohner der Siedlung so manchem Mönchengladbacher suspekt. Inzwischen gibt es in der Stadt einige Häuser und Siedlungen, die nach ökologischen und klimafreundlichen Kriterien gebaut sind.

Adresse Grasfreed 38–42, 41065 Mönchengladbach | ÖPNV Bus 008, Haltestelle Bungtstraße | Tipp Mittendrin in der Natur sitzt man auf der Terrasse des Restaurants Salinas am Volkspark. Beim Essen schwebt man buchstäblich auf dem See. Dank großer Panoramafenster kann man dieses Gefühl auch im Winter genießen (Carl-Diem-Straße 2).

72 Das Palace St. George

Genuss statt Drill

Wenn sich die Wolken dunkel zusammenziehen, bekommt das Gebäude mit seinen spitzen Turmdächern eine mystische Ausstrahlung. Von seiner romantischen Strahlkraft verliert das Palace St. George auch bei schweren Gewitterwolken nichts. Das Hotel ist mit seinen Türmen und Erkern, den bunten Fenstern und der weißen Terrasse das auffälligste Gebäude im Denkmal-Park. Dabei können sich die anderen Backsteinhäuser auch sehen lassen: weiße Fugen, verputzte Flächen und Schmuckkacheln durchbrechen das Rot der Ziegelsteine. Das Areal, auf dem heute Gäste die glücklichen Momente ihres Lebens feiern und fürstlich speisen, hat eine bewegte Vergangenheit: als Zöglingsanstalt, Militärflughafen und Basis der englischen Streitkräfte.

Die ersten Bewohner der denkmalgeschützten Häuser ziehen im Oktober 1909 ein. Die männlichen Jugendlichen haben die Schule abgebrochen und sollen hier zu Mitgliedern der Gesellschaft erzogen werden. In fünf der ursprünglich 22 Gebäude wohnen die Zöglinge und ihre Erzieher, in den anderen Häusern sind Verwaltung, Wirtschaftsgebäude und Krankenstation untergebracht. Das Palace St. George ist damals eine Kirche, die neben den Bewohnern des Areals auch die Einwohner des Nachbardorfs besuchen.

Mit heutigen pädagogischen Ansätzen hat der Alltag in der Erziehungsanstalt nichts zu tun. Strenge und Härte beherrschen den Alltag. 1939 wird die Zöglingsanstalt aufgelöst und das Areal rund um den Gebäudekomplex von den Nationalsozialisten als Flughafen genutzt. Den übernehmen nach dem Krieg die Briten, das Gelände ist mit Stacheldraht und Schranken abgesichert. Heute gehört der Denkmal-Park zu den schönsten Orten in Mönchengladbach. Nachdem die britischen Streitkräfte den Komplex 1996 verlassen, wird das Gelände privatisiert, in die Häuser ziehen nach der Sanierung Büros, Ateliers und Praxen ein. Der ehemalige Kirchenraum ist nun ein Festsaal.

Adresse Konrad-Zuse-Ring 10, 41179 Mönchengladbach | ÖPNV Bus 007, 017, Haltestelle Am Borussia-Park | Tipp Vor den Toren des Denkmal-Parks gibt es in fußläufiger Entfernung Outlets des bekannten Hemdenherstellers van Laack und der Fashion-Marke Cinque (Hennes-Weisweiler-Allee 23, Mo–Fr 10–19 Uhr, Sa 10–18 Uhr).

73 Das Pferdestammbuch

Herzblut fürs Kaltblut

Schwerer Körperbau, Muskelspiel unterm Fell, Hufe fast so groß wie Bratpfannen und die Ruhe weg: Kaltblüter verschiedener Rassen bestimmen etwa 100 Jahre das Bild des Arbeitslebens. Am Niederrhein schätzen nicht nur Waldbauern und Landwirte das Rheinische Kaltblut, ein Pferd mit belgischen Vorfahren. Um 1920 wird die Rasse weltbekannt.

Im Pferdezentrum im Wickrather Schloss sieht man bis heute noch gelegentlich die moderne Zuchtvariante und außerdem natürlich verschiedenste Warmblutpferde und Ponys. Auf diversen hochkarätigen Veranstaltungen werden hier Hengste vorgestellt, Jungpferde begutachtet, Leistungsprüfungen abgelegt und Turniere ausgetragen – Gladbach ist regelmäßig the place to be für Züchter, Reiter und Zuschauer aus der ganzen Welt.

1892 schließen sich in Wickrath Pferdezüchter aus den Provinzen zu einer Organisation zusammen. Sie wollen leistungsstarke und charaktervolle Pferde für unterschiedliche Einsatzgebiete planvoll züchten und das dokumentieren. Die offizielle Zuchtvereinigung Rheinisches Pferdestammbuch blüht mit dem Rheinischen Kaltblut auf. Seit 1850 steigt die Produktivität der deutschen Landwirtschaft und damit der Bedarf an guten Tieren aus Ländern wie Belgien. Mit der Zeit ersetzen dann Maschinen die Tiere – der Bestand an Kaltblütern sinkt nach dem Zweiten Weltkrieg dramatisch. Nun ist es an Liebhabern und eben Vereinen wie dem Pferdestammbuch, das vierbeinige Kulturerbe zu bewahren.

Nach seiner Gründung zieht der Verein nach Bonn und kehrt 2002 zurück ans Schloss. Auch wenn sich die überwiegenden Zucht- und Schau-Aktivitäten heute um Warmblüter drehen, erlebt das Kaltblut eine kleine Renaissance. Seinen Namen verdankt es übrigens seinem Temperament und nicht einer vermeintlich niedrigeren Körpertemperatur. Statt nervös und damit schwer lenkbar zu sein, bleibt es entspannt und leicht zu führen – gut so bei um die 700 Kilogramm Pferd.

Adresse Pferdezentrum Wickrath, Schloss Wickrath 7, 41189 Mönchengladbach-Wickrath | **ÖPNV** Bus 006 oder 026, Haltestelle Trompeterallee, 6 Minuten Fußweg zum Schloss | **Öffnungszeiten** verschiedene Veranstaltungen rund ums Pferd das ganze Jahr über, Termine auf der Webseite des Vereins (www.pferdezucht-rheinland.de) | **Tipp** Kein Kaltblüter, aber höchst erfolgreich: Im Außenhof des Ostflügels steht die Bronzestatue von Florestan I., dem berühmten Deckhengst des Warendorfer Landesgestüts.

74 Der Pilates-Geburtsort

Warum Hollywood auf dem roten Teppich in Form ist

Graffiti an den Häuserwänden, in der Ecke liegen Pappbecher, daneben eine mobile Toilette: So richtig sexy ist die Ecke auf mittlerer Höhe der Waldhausener Straße nicht. Direkt neben dem Platz mit der Esche steht das Geburtshaus von Hubertus Joseph Pilates. Dass der Begründer des weltberühmten Pilates-Trainings hier geboren und aufgewachsen ist, entbehrt nicht der Ironie. Schließlich verliert so mancher nach dem Besuch der Kneipen in dieser Straße schon mal an Körperspannung.

Der Künstler Jakub Vlcek hat eine Gedenktafel gestaltet, die das Profil des Trainers zeigt. Man muss schon genau hinschauen, damit man erkennt, um wen es hier geht. Denn die abgebildeten Turnübungen haben so gar nichts von Glamour. Kaum zu glauben, dass in dem kleinen Haus links neben der Tafel am 9. Dezember 1883 ein kränklicher Junge zur Welt kommt, der 43 Jahre später nach New York auswandert und dort Tänzern hilft, nach Verletzungen wieder in Form zu kommen.

Seine Übungen sind sehr effektiv. Bauchmuskeln werden damit zu Sixpacks, der Rücken wird stabilisiert. Das überzeugt zuerst die Balletttänzer, dann die Boxer. Schnell merken sie, dass ihre Chancen im Ring steigen, wenn ihre Körpermitte stabil ist. Schauspielerinnen schätzen vor allem, dass sie mit den Übungen vor der Kamera und auf dem roten Teppich eine gute Figur machen. Für das Pilates-Training ist das ein Karriere-Sprungbrett. Rund um die Welt werden bis heute, 53 Jahre nach Pilates' Tod, Studios eröffnet, in denen nach seiner Methode trainiert wird. Der internationale Pilates-Verband ist einer der größten Sportverbände der Welt.

Dass man den Standort seines Geburtshauses eigentlich nur zu Fuß oder mit dem Fahrrad erreicht, ist passend. Weil die Straße ein leichtes Gefälle hat, muss man entweder hinauf- oder hinuntergehen – in jedem Fall kommt man in Bewegung und kräftigt die Muskeln. Ganz im Sinne des Erfinders des Pilates-Trainings.

Adresse Waldhausener Straße/Ecke Turmstiege, 41061 Mönchengladbach | ÖPNV Bus 003, 007, 013, 023, 033, Haltestelle Grünewald oder Bus 003, 007, 008, 009, 010, 013, 019, 023, 033, Haltestelle Alter Markt | Öffnungszeiten frei zugänglich | Tipp Von hier geht es über eine Treppe direkt zum Dicken Turm, der ein ehemaliger Pulverturm ist. Er ist ein Teil der mittelalterlichen Festungsmauer und wird heute auch als »Schützenfeste« bezeichnet, weil hier das Zentrum der Schützenvereine Mönchengladbachs ist und sich in dem Turm das Bezirksarchiv der Bruderschaften befindet.

75_Der Platz der Republik

Ein Schloss, das keines ist

Noch immer sieht der markante achteckige Turm am Platz der Republik aus wie das Rudiment eines Wachturms. So hohe schmale Fenster und Zinnen, die heute nur noch angedeutet sind, kennt man von Burganlagen. Auf die Idee, eine Textilfabrik in einem so herrschaftlichen Bauwerk aufzubauen, würde heute kein Unternehmer mehr kommen. 1855 war das noch anders. Als elf Investoren die Gladbacher Aktienspinnerei und Weberei gründen, zeigen sie mit dem Bau ihrer Textilfabrik, dass sie Großes vorhaben. Mit den zwei Gebäudeflügeln und den acht Türmen, den Zinnen und Verzierungen erinnert sie eher an eine Burg als an eine moderne Fabrik, die in der Stadt die Industrialisierung der Textilwirtschaft einleitet. Der beeindruckende Komplex wird zum Symbol der aufstrebenden Textilstadt, die als »rheinisches Manchester« bekannt wird.

Bis 1915 werden hier Garne und Stoffe hergestellt. Zeitweise arbeiten über 1.000 Beschäftigte in der Fabrik. Fast drei Viertel sind Frauen. Für deren Lebensverhältnisse interessiert sich 1908 eine junge Studentin der Nationalökonomie in Heidelberg: Marie Bernays. Die 25-Jährige möchte ihre Doktorarbeit über das Leben der Arbeiterinnen schreiben. Dafür lässt sie sich in der Fabrik einstellen. Mehrere Wochen arbeitet sie undercover als Spulerin und teilt mit ihren Kolleginnen das Leben, lange bevor der Journalist Günter Wallraff diese Methode mit seiner Arbeit populär macht. Dabei befragt sie die Frauen in der Fabrik systematisch nach ihren Lebensumständen, Träumen und der sozialen Stellung in der Gesellschaft. Die Doktorandin schafft es auch, Einblicke in die Personalakten zu bekommen.

Aus dieser Zeit ist nur noch der Turm übrig. Der Anbau auf der linken Seite ist unverkennbar aus den 1970er Jahren. Genau wie der achteckige orange Turm gegenüber dem historischen Turm. Seit 1929 dient das Gebäude der Ausbildung: Eine gewerbliche und eine kaufmännische Schule ziehen ein, aus denen sich das Berufskolleg Platz der Republik für Technik und Medien entwickelt.

Adresse Platz der Republik 1, 41065 Mönchengladbach | **ÖPNV** alle Buslinien Richtung Hbf Mönchengladbach, S8 und RB, Haltestelle Hauptbahnhof, dort Ausgang Platz der Republik nehmen | **Öffnungszeiten** nur von außen zu besichtigen | **Tipp** Im Hauptbahnhof Mönchengladbach zeigt eine Fotoausstellung Gebäude aus der Stadt im vergangenen Jahrhundert. Zusätzlich zum Bahnhof selbst sind auch das Münster in der Nachkriegszeit und eine Dampflok aus den 1950er Jahren zu sehen.

76 Das Polizeipräsidium

(K)ein Platz für Tiere

In den bläulichen Fassadenelementen schimmert das NRW-Wappen als Wasserzeichen rund ums neue Polizeipräsidium: Rhein, Rose und Ross. Passend zum dritten Motiv liegt hier im Grundstein eingemauert ein Hufeisen, eine Erinnerung an die von den Gladbachern geliebte Reiterstaffel.

Bis 2003 gibt es Pferdestaffeln NRW-weit in Köln, Bonn, Düsseldorf, Aachen, Essen, Dortmund, Bochum, Recklinghausen, Gelsenkirchen, Wuppertal, Duisburg und eben auch hier. Als bekannt wird, dass die Staffeln abgeschafft und die Pferde auch aus der alten Polizeihauptwache an der Theodor-Heuss-Straße ausziehen sollen, sammeln die Bürger 20.000 Unterschriften. Sie fordern, dass Arthos, Benjamin, Clou und die neun anderen Pferde bleiben. Vergeblich. Die Polizeipferde, die heute noch bei Großveranstaltungen in Gladbach zu sehen sind, reisen mittlerweile unter anderem aus Willich an. Wie überall wecken die Tiere mit ihrer Größe und Anmut Respekt und Sympathie und helfen, wenn es nötig wird, beim Deeskalieren.

Friedlich geht es derweil im denkmalgeschützten Gebäude der ehemaligen Staffel zu. In der Reithalle mit Kronleuchtern erkennt man bei genauem Hinschauen noch die alte Bestimmung. Wo früher Pferd und Reiter als feste Partner für ihre Einsätze trainierten, stehen nun Möbel des Einrichters Schaffrath im hellen Licht. Im angrenzenden, historischen Stall der Polizeipferde von damals wird jetzt gekocht und gegrillt. Für Atmosphäre beim Brutzeln sorgen dort die steinernen Tröge und eine Boxentür, Überbleibsel des alten Zuhauses der Staffelpferde.

Bei der Mönchengladbacher Polizei sind heute noch andere Tiere im Dienst: Chuck, Franz, Jago und die anderen unterstützen als Sprengstoff-, Schutz-, Personen- und Rauschgiftspürhunde ihre Zweibeiner. An die treuen Pferdekollegen von früher erinnert mit ein wenig Phantasie noch das Landeswappen in der Fassadenverkleidung des neuen Präsidiums.

Adresse Krefelder Straße 555, 41066 Mönchengladbach (Polizei Mönchengladbach); Theodor-Heuss-Straße 99, 41065 Mönchengladbach (ehemaliger Staffelstall der Polizei Mönchengladbach) | **ÖPNV** Bus 009, 097, SB1, SB4, Haltestelle Polizeipräsidium; Bus 010, 036, SB1, Haltestelle Hermges | **Öffnungszeiten** Reithalle zu den Öffnungszeiten des Möbelhauses Schaffrath frei zugänglich | **Tipp** Die öffentliche Kantine des Polizeipräsidiums bietet wochentags Frühstück und frisch gekochtes Mittagessen zu übersichtlichen Preisen. Unter die Angestellten mischen sich regelmäßig Rentner, Studenten und Handwerker.

77 Das Quartier B. Kühlen

Die Toskana in Eicken

Offiziell sind es gut 1.200 Kilometer Entfernung bis in die Toskana. Inoffiziell liegt sie in Eicken. Dass bei der Planung des Gartens im Quartier B. Kühlen Italien Pate stand, ist unübersehbar. Großzügig angelegte Beete mit Lavendel und Rosmarin, knorrige Olivenbäume und eine Trattoria: Alles, was man für den Mini-Urlaub vom Alltag braucht, ist da. Im Hintergrund erhebt sich die vertraute Fassade der ehemaligen Druckerei B. Kühlen, die hier seit 1825 steht. Ein mächtiger Ahorn und eine Kastanie flankieren die Einfahrt, die direkt auf das Gebäude zuführt. Das traditionelle Gladbach offenbart seine mediterrane Seite.

Seit die Druckerei 2002 Insolvenz angemeldet hat, ist das Gebäude verlassen und wuchert zu. Zwölf Jahre dauert der Dornröschenschlaf. 2014 sucht der Unternehmer Stefan Hamacher ein Grundstück, auf dem er ein neues Domizil für seine Firma bauen kann. Als er sich das Gelände zum ersten Mal ansieht, findet er eine Industrieruine vor. Der Boden der ehemaligen Druckerei ist mit Heiligenbildchen übersät. In der Ecke steht noch eine alte Heidelberger Druckmaschine, die im Foyer einen Ehrenplatz bekommen soll.

Hinter der Druckerei-Fassade entsteht ein modernes Bürogebäude mit großen Terrassen. Bei den Bauarbeiten hat der Baggerfahrer einen der wichtigsten Jobs. Er muss das alte Gebäude exakt so abreißen, dass die Fassade unbeschädigt bleibt. Das gelingt sehr gut, bis auf den einen Tag, an dem ein anderer Bauarbeiter den Bagger führt. Der Schaden ist heute nicht mehr zu erkennen.

Der größte der 42 Olivenbäume auf dem Grundstück ist über 2.200 Jahre alt. Die kleineren kommen auf gut 200 Jahre. Weil sie einer Wohnbebauung weichen müssen, droht in Spanien der Schredder. Wie die Bäume ist auch die Erinnerung an 177 Jahre Druckerei-Geschichte gerettet worden. Die Nachbarn freut das, viele von ihnen haben selbst an den Druckmaschinen gearbeitet. Heute besuchen sie ab und zu »ihre« Druckerei.

Adresse Neuhofstraße 50, 41061 Mönchengladbach | **ÖPNV** Bus 001, 015, Haltestelle Landgericht | **Öffnungszeiten** tagsüber während der Geschäftszeiten; Trattoria Stefano Mo 11–16 Uhr, Di–Fr 9–23 Uhr, Sa 17.30–23 Uhr (Küche bis 22 Uhr) | **Tipp** Geht man die Neuhofstraße hinunter, kommt man direkt zum TiG, dem Theater im Gründungshaus. In dem von einem privaten Verein gegründeten Kleinkunsttheater dürfen lokale Künstler genauso auf die Bühne wie bekannte Comedians, Kabarettisten und Entertainer wie Bernd Stelter, Wolfgang Trepper, Tahnee und Nicole Jäger (www.dein-tig.de).

78 Der Raum der Stille

Seelenruhe

Im Raum der Stille sitzt schon jemand. Die klaren, detaillosen Umrisse einer Person im Profil. Sie hat den Mund geöffnet. Ist das ein stummer Schrei? Sie sieht eher gelassen als gequält aus. Singt oder betet sie vielleicht doch weniger lautlos als an einem solchen Ort üblich? Ihren Glaskörper durchziehen Waben wie ein Mosaik. Der Farbverlauf reicht von Rosa bis Lila-Blau. Je nachdem wie das Licht von außen hineinfällt und wo der Besucher steht, schimmern sie auch ein bisschen anders. Direkt vor der Skulptur »Sie« der Aachener Glaskünstlerin Mechthild Bach erkennt man: Der Mensch ist eine Scheibe. Hat das eine tiefere Bedeutung oder handwerkliche Gründe?

Hier im Erdgeschoss der Maria-Hilf-Kliniken im ehemaligen Franziskus-Haus lenkt wenig ab. Es gibt einen schlichten Holzboden, hintergrundbeleuchtete weiße Wandplatten, eine einfache Bank und einige quadratische Sitzblöcke. Auf einem hat schon die Gesellschaft aus Glas Platz genommen. Eine Wand am Eingang, an der man rechts vorbei in den kleinen, hellen Raum geht, gibt Sichtschutz. Die bodentiefen Fenster verdecken durchscheinende Stoffschiebevorhänge.

Räume der Stille gibt es gerade an lauten und quirligen Orten wie Unis, Schulen und Krankenhäusern immer häufiger. Selbst der Bundestag hat einen Andachtsraum zum Alleinsein, Ausruhen, Abschalten, Nachdenken, Meditieren oder Beten, egal, wie oder zu welchem Gott.

Interessant, wie schnell sich der Blick nach innen richtet, wenn man in solchen vier Wänden nur still sitzt. Hier hört man gedämpft Schritte, Gespräche, vereinzeltes Lachen und die Rollen vorbeigeschobener Krankenhausbetten auf dem Flurlinoleum. Dieser Raum der Stille, fällt einem da ein, ist einer im doppelten Sinne: ein Rückzugsort für Patienten, Besucher, Ärzte und Mitarbeiter zum Krafttanken und einer, der Raum gibt für Gedanken, Gefühle und die wichtigen Fragen.

Adresse Kliniken Maria Hilf, Viersener Straße 450, 41063 Mönchengladbach, Gebäude F im Erdgeschoss | **ÖPNV** Bus 009 und 019, Haltestelle Kliniken Maria Hilf | **Tipp** 50 Meter vom Haupteingang ehrt die kleine Dauerausstellung »Berührend« die Gründerinnen der Maria-Hilf-Kliniken. Ab 1854 versorgen die Franziskanerinnen erst Waisen, dann Hilfsbedürftige und Kranke. Exponate und Zeittafeln zeigen nebenbei auch den Weg zur modernen Medizin.

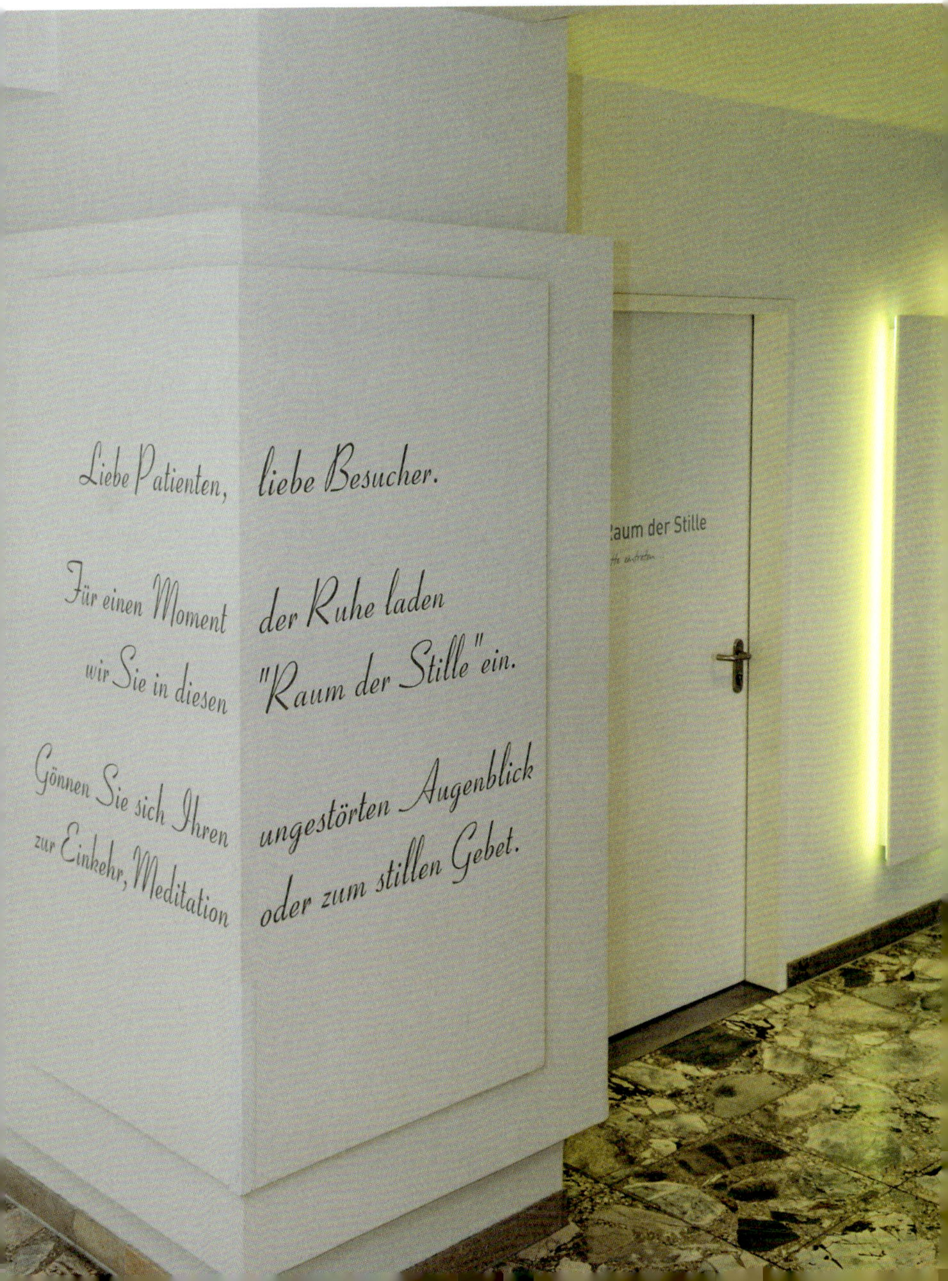

79_Das Restaurant AlgE

Vetschie in Emtschie

Sie reisen mittlerweile aus dem Ruhrpott, Köln, Düsseldorf und den Beneluxländern an, in die AlgE, Mönchengladbachs erstes rein veganes Restaurant. AlgE steht für »Alle lieben gesundes Essen«. Das ist natürlich eine steile These, für deren Beweis David Rütten mit seinen rein pflanzlichen Gerichten und Leckereien seit 2015 in der offenen Küche steht.

In seinem kleinen Ecklokal neben Imbissbuden und grauen Häusern besuchten ihn am Anfang tatsächlich nur Veganer. Irgendwann sprach es sich herum, dass Veggie-Essen nicht nur gut für den Planeten ist, sondern auch die Geschmacksknospen in helle Aufregung versetzen kann. Heute sind 80 Prozent der Gäste nicht mal Vegetarier. Sie kommen aus Neugierde oder auf Empfehlung.

Die Erwartung, Verzicht und Langeweile beherrsche den veganen Speiseplan, auf dem bei Grünkernbratling und Gemüsesuppe Schluss sei, beantwortet der Koch mit Gemüsecarpaccio, veganem Sushi, Quinoa-Risotto, feinen Pralinen und jeder Menge Zutaten vom Niederrhein, mit denen irgendwie keiner gerechnet hat und die zudem wie Kunstwerke angerichtet sind.

David Rütten lernte im Palace St. George und anderen Gourmetküchen und verpflichtet sich als Gastronom der AlgE-Initiative zu superfrischen, möglichst regionalen Gemüsen, Früchten und anderen Naturprodukten. Tabu sind neben allem Tierischen auch Zucker, Tofu und Zusatzstoffe. Transparenz der Zubereitung und Nachhaltigkeit gehören auch zum Konzept. Wer Rütten zuhört, merkt, dass er für eine bessere Welt brennt und vielseitig engagiert ist. Belehren wolle er allerdings keinen, sagt er. Hier soll jeder einfach genießen, was Mutter Natur vom Feld, Strauch und Baum zu bieten hat. Später beginnt man unweigerlich nachzuforschen, ob einem etwas gefehlt hat. Eigentlich nichts – glücklich und satt macht das Essen. Wer es nicht glauben kann, bestellt am besten einen Tisch und probiert etwas von der regelmäßig wechselnden Karte.

Adresse Waldhausener Str. 86A, 41061 Mönchengladbach | **ÖPNV** Bus 007, 008, 009, Haltestelle Alter Markt/Kapuzinerplatz, dann 6 Minuten zu Fuß die Waldhausener Straße hinunter | **Öffnungszeiten** Mi–Sa 18–22 Uhr und auf Anfrage | **Tipp** Anregen lassen, nachkochen, probieren: Auf dem Kapuzinerplatz findet dienstags, donnerstags und samstags von 8 bis 13 Uhr ein kleiner Wochenmarkt mit Beschickern aus der Region statt. Ab 2020 ergänzt die von vielen lang erhoffte offene Markthalle das Angebot.

80__Die Rheydter Höhe

Wie man mit Müll Berge setzt

Mit kaum einem Thema kann man die Mönchengladbacher schneller auf die Palme bringen als mit dem Thema Müll. Die Umstellung des Entsorgungssystems von kleinen Ringtonnen für jeden Haushalt hin zu großen Rolltonnen für jedes Haus hat in der Stadt monatelang für hitzige Diskussionen gesorgt. Dabei haben die Gladbacher bereits bewiesen, dass sie mit Müll kreativ umzugehen wissen: Mit der Rheydter Höhe ist aus einer Mülldeponie ein Naherholungsgebiet geworden – und gleichzeitig Gladbachs höchster Punkt.

Die 133 Meter Höhenunterschied zur Aussichtsplattform werden sehr unterschiedlich bezwungen: Trainierte Jogger und Kinder laufen die Strecke leicht federnd und beschwingt, Gelegenheitsspaziergänger ringen auf dem Weg nach oben schon mal nach Luft. Auch Fahrradfahrer lieben die Höhe und sausen in Höchstgeschwindigkeit die Wege wieder runter. An mancher Kurve sorgt eine rot-weiße Barke dafür, dass aus dem Sportradler kein Bruchpilot wird.

Dass die Gladbacher überhaupt einen »Berg« in ihrer Stadt haben, ist im Wesentlichen eine Folge der Aufräumarbeiten nach dem Krieg. 50.000 Kubikmeter Trümmer sind das Fundament. In den 1950er bis in die 70er Jahre wurde darauf Hausmüll deponiert. So wuchs der künstliche Berg Schicht für Schicht und bekommt seinen Spitznamen: Monte Klamott. Heute ist davon nichts mehr zu sehen. Denn dank des aufgetragenen Humus gedeihen Flora und Fauna hier prächtig.

Am Fuße des Bergs sind Wasserspielplatz und Grillzonen für viele Familien der Garten für das Wochenende. Hobby-Rennfahrer drehen auf der Speedway-Bahn ein paar schnelle Runden mit dem Gokart. Die Bahn gibt es schon seit den 1950er Jahren. Und wer weiß, ob dort nicht Talente für eine Karriere auf den großen Rennstrecken der Welt fahren? Vorbilder gibt es: Mit Heinz-Harald Frentzen und Nick Heidfeld kommen zwei ehemalige Formel-1-Fahrer aus Mönchengladbach.

Adresse Dahlener Straße, Mönchengladbach-Rheydt | **ÖPNV** Bus 004, Haltestelle Stadtwald | **Öffnungszeiten** frei zugänglich | **Tipp** Einige Meter von der Rheydter Höhe entfernt befindet sich ein naturnaher Spielplatz. Hier gibt es keine Spielgeräte, die Kinder spielen mit dem, was sie finden. Über Sensoren wird das Spielverhalten anonym aufgezeichnet und das Angebot des Spielplatzes den Vorlieben immer wieder angeglichen.

81__Das Rittergut Wildenrath

Golfen bei Fasan und Ente

Das Wasserhuhn sitzt ganz gelassen auf seinem Nest und brütet. Dass gleich neben dem Teich, hinter Lupinen und Mohn die Golfbälle in hohem Bogen über den Platz fliegen, stört das Tier nicht. Es ist gewohnt, dass die Menschen hier mit silbern glänzenden Schlägern versuchen, kleine Bälle in weit entfernte Löcher zu bringen. Der Golfplatz vom Rittergut Wildenrath ist anders, als man sich so einen Platz vorstellt. Fasane, Kaninchen, Enten und Kanadische Wildgänse leben hier, auf den Rasenflächen blühen die Gänseblümchen. Eschen, Erlen, Akazien, Kirschbaum und Weiden werden gepflanzt, manches sät sich auch selbst aus. Zwischen den Golfbahnen kommt man an Schautafeln mit Informationen zur Landwirtschaft vorbei. Eine Erinnerung daran, dass Besitzer Hans Ludwig Hoffmann hier bis Mitte der 1990er Jahre noch Getreide und Zuckerrüben angebaut hat.

Anfang der 1980er Jahre fällt dem Landwirt auf, dass die Städter vom Leben und Arbeiten der Bauern wenig wissen. Das will er ändern und eröffnet seinen Erlebnisbauernhof. Kinder und Erwachsene sehen, wie Getreide angepflanzt und geerntet wird, sie können Maschinen anfassen und in einem kleinen Privatzoo Hühner, Gänse und andere Tiere erleben. Das Angebot kommt bei den Besuchern an. Sogar aus der damaligen Bundeshauptstadt Bonn schicken Ministerien und Verbände ihre Besucher auf das Rittergut. Die möchten nach dem Rundgang essen, und so eröffnet Hoffmann 1990 im ehemaligen Kuhstall eine kleine Gaststätte.

1993 bringt ihn der damalige Stadtdirektor auf die Idee, einen Golfplatz zu bauen. Auf 75 Hektar ehemaliger Ackerfläche entsteht ein Neun-Loch-Platz. Fünf Jahre später wird er auf einen turniertauglichen 18-Loch-Platz erweitert. Die Naturnähe will Hoffmann beibehalten, die Erweiterung baut er in Eigenregie. Bei der Pflege der Anlage legt der Hausherr auch selbst Hand an. Das Wasserhuhn stört es nicht, wenn er nebenan den Rasen mäht.

Adresse Kuckumer Straße 61, 41189 Mönchengladbach | ÖPNV Bus 006, 016, Haltestelle Wanlo Markt | Öffnungszeiten Golfclub mit Bistro: Mo–So 8.30–22 Uhr; Restaurant Rittergut Wildenrath: Mi–Sa 17–23 Uhr, So 11–23 Uhr | Tipp Neben dem Rittergut Wildenrath gibt es in Wanlo noch drei weitere alte Gutshäuser: Der Lenders- oder Schillerhof und das Gut Schwalmerhaus befinden sich in unmittelbarer Nähe des Ritterguts, der Kappelshof liegt zu Fuß etwa 20 Minuten entfernt am Ortsausgang Richtung Mönchengladbach.

82 Der Rollmarkt

Lässig durch die Minirampe

Mit ordentlich Speed fahren Mädchen wie Jungen auf die Rampe, ein Stück die Wand hinauf und wieder herunter, überwinden mit einem kleinen Sprung die Pyramide oder nutzen den Schwung in der Quarter Pipe, um zu wenden. Die Skateboards scheinen mit den Füßen der Kids verwachsen zu sein. Es klackert, wenn die Bretter auf dem Boden landen. Die Skater lassen sie ausrollen und halten mit einem Move punktgenau an.

Wenn dienstags im Rollmarkt der Kinder-Workshop-Tag ist, erkennt man die Anfänger sofort: Bis zur Anmeldung bleiben sie in der sicheren Nähe der Erwachsenen, ohne die alten Hasen unter den Skater-Kids aus den Augen zu lassen. Die gehen direkt an die Theke, nehmen ihr Board in Empfang und legen los. Ohne Gelenkschoner und Schutzhelm geht hier keiner auf die Rampen. Die Kleineren tragen Helme in grellen Farben: Quietschgelb, neongrün und knallorange leuchten ihre Köpfe. Die Teenager bevorzugen erwachsenes Schwarz.

2017 hat der Verein Rollbrett Union den ehemaligen Supermarkt bezogen und daraus seinen Rollmarkt gemacht. Statt Regale mit Lebensmitteln, Waschpulver und Wochenangeboten stehen jetzt Rampen und Rails in dem früheren Verkaufsraum. Statt gelangweilt neben einem Einkaufswagen herzugehen, klemmen sich die Mädchen und Jungen ganz selbstverständlich ein Board unter den Arm. Bei den Jüngsten ist es fast so lang, wie die Kinder groß sind.

Vier Jahre sind die jüngsten Skater alt. Der älteste Aktive in der Halle hat seinen 50. Geburtstag schon gefeiert. Mit 280 Mitgliedern stellen die Gladbacher den größten Skater-Verein Nordrhein-Westfalens. Im Verein trainieren einige Stars der Szene, die 2020 im Olympia-Kader in Tokio starten. Ihre Tricks geben sie in Workshops weiter, die für jeden offen sind. Da lernt man auch, es mal ruhiger angehen zu lassen: Beim Skate-Yoga bekommen Skater die mentale Stabilität für den Geschwindigkeitsrausch.

Adresse Hauptstraße 1, 41236 Mönchengladbach | ÖPNV Bus 001, 002, Haltestelle Hauptstraße, Bus 016, 019, Haltestelle Rheydt Markt | Öffnungszeiten Mi–So 15–20 Uhr | Tipp Freunde des Open-Air-Skatens sollten den Skater-Park an der Radrennbahn Carl-Diem-Straße beim Volksgarten besuchen. Den Park hat die Rollbrett Union mit entwickelt. Auf 800 Quadratmetern gibt es Street- und Flow-Elemente, Rails, Curds (Kanten), Pipes und Rampen für Anfänger wie für Profis.

83 Die Romantikerplätzchen

Zeitlos idyllisch

Natürlich kann man sich mit einem Kilogramm Kunstführer ausstatten und das bestens erhaltene Renaissance-Wasserschloss Rheydt abschreiten. Man kann auch zielstrebig durchs Schlosstor gehen, um sofort im – tatsächlich sehr lohnenden – Museum zu verschwinden.

Eine wunderbare Alternative dazu ist, das Schlossgelände mit seinen vielen romantischen Plätzchen einfach mit vollen Sinnen zu genießen. Das gelingt an einem ganz normalen Wochentag am besten dann, wenn es hier meist still ist.

Das Schloss liegt idyllisch umrahmt vom Schlossgraben in einer großzügigen Parklandschaft und taucht nach einer Fahrt durch reizlose und graue Straßenreihen etwas unerwartet auf.

Gänse schnattern, Enten ziehen träge ihre Bahnen, Kenner entdecken vielleicht sogar einen Eisvogel. Um die 20 Pfaue mit ihren königlich grünen Federn stolzieren außerdem herum und schlagen lässig ihre Räder. Manche der großen Vögel hocken fotogen auf den Teakbänken oder wandern weiter hinten auf dem Gelände um die Statue des Aalfischers. Das Vorbild des übersichtlich bekleideten Jünglings mit dem Korb voller sich schlängelnder Aale auf dem Kopf steht übrigens am Schloss Sanssouci in Potsdam.

Bleibt man erst mal vor dem Herrenhaus stehen, fühlt es sich an, als wäre man in Italien – und dafür muss man keinen Blick auf die Steinofenpizza der Schlossgastronomie Purino geworfen haben. Die großen bepflanzten Kübel, das Kopfsteinpflaster, der Torbogen und ockerfarbene Renaissance-Gebäude schaffen Atmosphäre. Schlendert der Besucher weiter bis zum Fischer, geht vor der kleinen Brücke rechts und an den Festungsgewölben, den Kasematten, vorbei, nähert er sich wieder dem Eingang. Dort, kurz vor dem kleinen silbernen Drehkreuz, geht es die Treppe links hinunter durch einen Steinbogen. Überraschend eröffnet sich dann eine sichtgeschützte kleine Terrasse am Wasser: Platz nehmen und sich wohlfühlen an einem der romantischsten Orte der Stadt.

Adresse Schloss Rheydt, Schlossstraße 508, 41238 Mönchengladbach | **ÖPNV** Bus 16, Haltestelle Schloss Rheydt | **Tipp** Vom Schloss aus radelt man an der Niers entlang zum Bresges-Park und dann über den Volksgarten zurück. Die entspannte Tour ist etwa 16 Kilometer lang und besticht durch viel Natur.

84_Das Rosen-Paradies

Eine bunte Welt voller Liebe und Kitsch

Manchmal braucht es im Leben eine Extraportion Glitzer. Egal, wie grau der Tag auch sein mag, im Rosen-Paradies wird er wieder hell. Schon an der Tür lacht eine quietschgelbe Banane, Steck-Schwäne blähen ihre Papierfedern auf, und ein überdimensioniertes Herz gesteht: »Ich liebe Dich«. Dass die Papierrosen vom Wind ermattet etwas hängen, fällt da kaum auf. Im Rosen-Paradies von Aija Kraicburga darf es von allem etwas mehr sein: mehr Farbe, mehr Blüten, mehr Glitter und Bling-Bling. Kitsch ist hier eine Lebensform, die im Alltag zelebriert wird.

Jeden Freitag kommen neue Blumen, hauptsächlich Rosen. Die werden zu voluminösen Sträußen gebunden, dazu noch ein Herzchen-Dekor und Glitzer- oder Goldspray als Topping obendrauf. Folie und Schleifen gehören zum Finishing der Sträuße. Je üppiger, desto besser.

Alles, was hier im Licht der Kronleuchter präsentiert wird, kann gekauft werden. Die Bilderrahmen mit Silberschleifen und Glitzersteinen, die Plüschhasen, die Tierfiguren und die Kopie von Michelangelos David, die in der Ecke steht. Züchtig hinter einem mit weißen Teelichtern umrahmten Herz, das »Ich vermisse Dich« in den Raum ruft. Wer einen fast lebensgroßen weißen Gorilla, einen Golf spielenden Gentleman der 1940er Jahre oder ein Pferd in Ponygröße sucht, ist hier an der richtigen Adresse.

Vor 16 Jahren hat Aija Kraicburga den Blumenladen an der Ecke übernommen und eine farbenfrohe Insel an der Ampelkreuzung geschaffen. Sie bietet zwar auch andere Blumen an, aber ihre Kunden kaufen die klassischen roten Rosen am liebsten – besonders an Feiertagen und Wochenenden. Manche Deko-Artikel sind dagegen Dauergäste in dem Eckladen. Der weiße Gorilla zeigt schon seit einigen Jahren im Schaufenster seine scharfen Zähne. Vielleicht liegt es an seiner Größe, dass ihn niemand mitnimmt. Vielleicht auch daran, dass er einfach nicht so fröhlich lacht wie die Banane.

Adresse Sternstraße 1, 41061 Mönchengladbach | **ÖPNV** Bus 003, 015, 033, Haltestelle Sternstraße | **Öffnungszeiten** Mo–Sa 8.30–20 Uhr, So 11–16 Uhr | **Tipp** Nach dem Kauf von Blumen geht es zum Restaurant Nierskind. Zu Burgern und Steaks gibt es dort immer wieder Live-Events wie die Konzertreihe Open-Air-Sommerbrise.

85 Scheidt & Bachmann

Die richtigen Signale

Viele Jahrzehnte ist die Gießerei das Herz des Unternehmens. Schon von Weitem sieht man den rauchenden Schornstein. Das Zeichen, dass in den Öfen die Maschinenteile gegossen werden. Als Scheidt & Bachmann 1914 an die Ecke Breite Straße/Schwalmstraße zieht, sind die Eisengießerei und das Direktorenhaus die ersten Gebäude auf dem Firmengelände. Das eine ist ein reiner Industriebau, das andere ein imposantes Haus aus der Gründerzeit. Die Entscheidungen, die hinter den hohen Fenstern gefällt werden, sollen sich 100 Jahre später als sehr weitsichtig herausstellen. Während die Textilindustrie in die Krise gerät, wird Scheidt & Bachmann zu einem internationalen Unternehmen mit weltweit 3.000 Mitarbeitern.

Seit seiner Gründung 1872 hat sich das Familienunternehmen vom Textil- und Dampfmaschinenhersteller zum Produzenten für Stellwerktechnik entwickelt. Als die Eisenbahn in Europa zu einem der wichtigsten Verkehrsmittel wird, beginnen die Firmengründer Wilhelm Friedrich Scheidt und Carl Bachmann Ende der 1870er Jahre mit dem Bau von Signalanlagen und Weichenstellwerken und haben damit international Erfolg.

Der Schornstein raucht schon lange nicht mehr. Die Gießerei ist 1995 stillgelegt worden. Der Schwerpunkt des Unternehmens hat sich verändert. Hinter den hohen Fenstern des Direktorenhauses wird neue Software entwickelt, die den öffentlichen Personennahverkehr in Großstädten wie Toronto oder Berlin, das Management an Tankstellen, Parkhäusern und Freizeitanlagen steuert. Das alte Firmenschild der »Eisenbahnsignal-Bauanstalt« erinnert noch an den Anfang. Geht man von hier aus die Schwalmstraße hinunter, bekommt man einen Einblick in die Industriegeschichte der Stadt. Zum Teil kann man die Areale der ehemals großen Firmen nicht betreten. Aber es eröffnet sich oft ein guter Blick auf die historischen Werkhallen. Am Ende der Straße liegt das Monforts-Gelände, das Besuchern offen steht.

Adresse Breite Straße 132, 41238 Mönchengladbach | ÖPNV Bus SB81, Haltestelle Mönchengladbach-Bonnenbroich Schorchwerke; Bus 006, 016, Haltestelle Mönchengladbach-Bonnenbroich Sparkasse | Öffnungszeiten nur von außen zu besichtigen | Tipp Wer die in diesem Buch vorgestellten Orte mit den öffentlichen Verkehrsmitteln besucht, nutzt dabei übrigens Geräte von Scheidt & Bachmann. Die Fahrkartensysteme der Busse sind made in Mönchengladbach.

86_Der Schillerplatz

Schillernd schön im Gründerzeitviertel

Am Schillerplatz ist einiges im Umbruch: ein neuer Gehweg, mehr Platz für Fußgänger und Radfahrer durch weniger Autos und dazu eine neue Beleuchtung. Besonders die Initiative Gründerzeitviertel setzt sich hier seit 2011 ein. Ihr Engagement für diesen Umbau im öffentlichen Raum gilt in Gladbach als Vorreiter für viele folgende Bürgerbeteiligungsprojekte. Mit verschiedenen Veranstaltern stellt sie hier Events wie brasilianisches Trommeln, Vierteltrödel, Singing Schillerplatz, ein Weinfest und einen Open-Air-Stammtisch auf die Beine.

Nicht wegzudenken ist hier auch »Greta«. Der Markt zieht schon seit zehn Jahren einmal im Sommer Neugierige aus der Stadt und dem Umland auf den Platz: Für die Gründerinnen Myriam Topel und Nicole Schlürensauer, jetzt Kyas, ist es der zweite Markt. Sie starten mit »Claus« 2008 im damaligen »Agua«. Dem oft gehörten »In Gladbach passiert ja nichts« setzen sie ihren alternativen und bunten »Markt der schönen Dinge« entgegen. Er wandert seitdem jedes Jahr vor Weihnachten in Gladbach umher. Zu »Claus« gesellt sich bald »Greta«.

Nullachtfünfzehn gibt es dann auf und um den Schillerplatz weder zum Anfassen noch zum Aufessen oder Trinken. An den mittlerweile circa 150 Ständen der Händler aus dem In- und Ausland findet eine stetig wachsende Besucherschar Schmuck, Hüte, Hübsches aus Papier, Stoff, Holz und viel Upcycling. Mit Liebe wird jedes Jahr außerdem mit vielen Helfern wie wild gebastelt, damit über jedes neue Deko-Thema nicht nur kleine Menschen staunen.

Ihre Ideen-Spielwiese Gladbach schätzen die Organisatorinnen dabei sehr. Im Vergleich zu Berlin oder Köln ist hier immer noch Luft nach oben für die Herzensprojekte eines wachsenden Netzwerks an Kreativen und Aktiven. Zu Letzteren gehört eben auch die Initiative Gründerzeitviertel, die so viel fürs Miteinander und den Schillerplatz tut, damit Menschen es hier zusammen schön haben.

Adresse 41061 Mönchengladbach | **ÖPNV** Bus 009, Haltestelle Schillerplatz | **Öffnungszeiten** genaue Termine und Veranstaltungen unter www.meine-greta.de und www.initiative-gzv.de | **Tipp** Ihr bunter Strickmantel für den Soldaten des Denkmals auf dem Schillerplatz erregte Aufmerksamkeit – in der gemütlichen Kreativwerkstatt »Atelyeah« kann man bei Michaela Drosten Workshops zu verschiedenen Themen buchen und Wolle und Garne für eigene Projekte kaufen (www.atelyeah.info).

87 Der Schützenbaum

Puspaskirmes und andere Traditionen

Am Rand des Platzes steht seit 2004 der Schützenbaum, der Stolz der Neuwerker Bruderschaften. Wer das zehn Meter hohe Werk des Künstlers Willi Wirtz betrachtet, entdeckt die Wappen der Schützenzüge und Abbildungen von den fünf umliegenden Honschaften und vom mehrtägigen Kirmesablauf.

Die Gladbacher Schützentradition lebt nicht nur hier in Neuwerk. Im ganzen Stadtgebiet gibt es in den einzelnen Vierteln Bruderschaften und Bürgerschützenvereine und eine entsprechende Dichte an aktiven Schützen. Wie überall in den katholischen Regionen gelten sie noch heute als stabile Säulen der Brauchtumspflege. Die Neuwerker St.-Barbara-Bruderschaft zählt schon seit ihrer ersten Erwähnung 1497 dazu, die St.-Maria-Junggesellenbruderschaft seit 1755. In ihren Gründungsjahren schützen Männerbruderschaften deutschlandweit ihre kleinen Dörfer gegen Banden, Plünderer und Glaubensgegner. Über die Zeit verändert sich ihre Aufgabe. Auch wenn die Paraden, die Zeltfeste und das Vogelschießen geblieben sind, ist da mehr. Viele Traditionsvereine engagieren sich sozial, sorgen sich um die Familien ihrer Mitglieder und für gemeinschaftlichen Zusammenhalt. Um den intensiv zu erleben, eignet sich das Feiern nach einem Gottesdienst ausgezeichnet.

Hier in Neuwerk lebt die Schützentradition Kirmes gleich zweimal im Jahr auf: Neben einer Früh- gibt es auch eine Spätkirmes, die Puspaskirmes. Sie findet im Herbst und damit zur Obstreife statt. Das Wort Puspas bezeichnet ein süßes Kompott aus Birnen, Äpfeln und Pflaumen, das eine Nacht im Backofen verbracht hat. Auf Rosinenwecken schmeckte es damals in kargen Zeiten als willkommene Abwechslung zum Schwarzbrot besonders lecker.

Essen, trinken, feiern: Am Neuwerker Schützenbaum zeigt sich gut, was viele Vereine im Kern außerdem noch ausmacht. Der Baum mit Sitzbank steht hier nur dank Spenden und tatkräftiger Schützenhilfe.

Adresse Peter-Schumacher-Platz, 41066 Mönchengladbach | ÖPNV Bus 010, 036, SB1, Haltestelle Peter-Schumacher-Platz | Tipp Traditionen leben und über den Tellerrand gucken? Ganz in der Nähe im Neuwerker »Neuzeit« am Gathersweg 1 bringt der Chef klassische Mittelmeerküche mit neuem Twist auf den Tisch.

88_Der Segelflugplatz

Im Aufwind

Nur die Haut des Flugzeugs und die Kuppel des Cockpits umhüllen den Passagier. Beim Flug in einem Segelflugzeug ist jede Kurve ein steiles Abenteuer. Von oben sieht man die Felder, Straßen und Höfe, die nahe an der Grenze zum benachbarten Kreis Heinsberg liegen. Wer das einmal ausprobieren möchte, sollte den Segelflugplatz in Wanlo besuchen.

60 aktive Mitglieder hat der Verein für Luftfahrt e.V. Mönchengladbach, Rheydt und Umgebung, der den Segelflugplatz Wanlo betreibt. In einer Halle sind die Flugzeuge untergebracht, die von zwei bis drei Helfern auf dem Flugfeld in die richtige Position geschoben werden. Ihre Außenhaut besteht aus einem technischen Stoff, der mit einer Kunststoff-Beschichtung widerstandsfähig gemacht wird. Die Tragflächen sind innen aus Holz.

Seit 2003 nutzt der Verein den Flugplatz Wanlo-Niersquell, der für Laien wie eine einfache Rasenfläche aussieht. 1925 wird der Verein gegründet und hat auf der Holter Heide, einem Teil des heutigen Nordparks, seine Heimat. Der erste vereinseigene »Flugapparat« wird durch die Einnahmen eines öffentlichen Flugtages finanziert, bei dem Kunstflieger ihr Können zeigen. Das erste Segelflugzeug wird 1926 gekauft. Heute besitzt der Verein neun Flugzeuge, die neben Privatflugzeugen in der Halle stehen.

Wer einmal mitfliegen möchte, kommt am besten an einem Wochenende oder einem Feiertag. In der Saison von April bis Oktober sind immer Piloten am Segelflugplatz Wanlo, die man ansprechen kann. Wie lang der Flug dauert, hängt nicht von der Windstärke, sondern von der vorhandenen Thermik ab. Der Laie kann sich dabei besonders viele Hoffnungen machen, wenn der Himmel einige Quellwolken zeigt. Die sind ein Zeichen dafür, dass der Flieger eine gute Höhe erreichen und einige Minuten über das Land gleiten kann. Dort oben stellt man dann fest, dass das Gefühl grenzenloser Freiheit schon weit unter den Wolken beginnt.

Adresse Untersterwanloer Weg, 41189 Mönchengladbach | **ÖPNV** Bus 006, 016, Haltestelle Wanloer Kirche, von dort aus etwa 20 Minuten Fußweg über die Straße Schweinmarkt an der Kirche vorbei, über die Niers und an der nächsten Kreuzung rechts | **Anfahrt PKW** A61 Ausfahrt Wanlo, in Wanlo der Beschilderung folgen | **Öffnungszeiten** Sa–So 10–18 Uhr | **Tipp** In der Winterpause der Segelflieger von Oktober bis Anfang April übernehmen die Kite-Surfer den Platz und trainieren dort.

89_Sittardheide

Wo die Welt noch in Ordnung ist

Die Nachbarn halten auf der Straße ein Schwätzchen und nehmen sich Zeit, wenn Ausflügler nach dem Weg fragen. Kinder suchen im Unterholz des dorfeigenen Waldstücks nach Abenteuern – und mittendrin eine Wiese, auf der Pferde grasen. In Sittardheide ist die Welt noch in Ordnung. Das ist der erste Gedanke, den man hat, wenn man in diesen Stadtteil kommt.

Das Zentrum des Ortes ist die alte Kapelle von 1861. Noch immer wird hier an jedem 1. Mai eine Andacht gefeiert. Dass nicht alle Besucher in das kleine, etwas windschiefe Gotteshaus passen, stört nicht weiter. Auf der Straße gibt es keinen Durchgangsverkehr, da haben alle Platz. Wenn doch jemand unbedingt durch Sittardheide fahren will, muss er eben den Umweg um die Pferdewiese nehmen.

Der kleine Kasten neben dem schmiedeeisernen Rosentor zum Garten hinten links weist nicht auf den Dorfausschank hin. Dort, wo Gasthäuser ihre Speisekarten aushängen, werden in Sittardheide die Informationen für die Dorfbewohner angekündigt: der Termin für das Maibaumschmücken zum Beispiel oder die Daten für die Dorfversammlung, die zweimal im Jahr stattfinden.

Neben der Pferdewiese gibt es ein besonderes Biotop, das in der regenreichen Zeit von November bis zum Frühjahr zu einem kleinen Teich wird, in dem Frösche laichen und Libellen ihre Brut ablegen. Im Sommer und in regenarmen Zeiten trocknet das Biotop aus, die Frösche suchen sich andere Lebensräume.

Das wechselfeuchte Biotop wurde Anfang der 1990er Jahre angelegt. Damit wurde das Angenehme mit dem Nützlichen verbunden: Was aussieht wie ein Teich, ist ein Regenrückhaltebecken und verhindert bei starken Regenfällen, dass das Wasser in die Keller der umliegenden Häuser läuft. Wer das nicht weiß, wird hier einen schönen Ort sehen, in dem es noch keine Schottervorgärten gibt, dafür aber öffentliche Bänke zum Sitzen und Tische mit Aussicht aufs Biotop.

Adresse Sittardheide, 41179 Mönchengladbach | **ÖPNV** Bus 027, Haltestelle Schriefers, besser mit dem Fahrrad | **Tipp** Im Nachbarort gibt es den Bolzplatz Kull, der früher eine Kiesgrube war. Der »tiefer gelegte« Bolzplatz ist umsäumt von Linden, die an die Schüler der früheren Schule im Dorf erinnern.

90 Der Soldatenfriedhof

Am Anfang und am Ende des Lebens

Auf einmal ist es vorbei, das Leben. An kaum einem Ort wird das dem Spaziergänger so bewusst wie auf dem Friedhof im Schmölderpark. Direkt neben der Minigolfanlage sind sie versteckt, die Gräber von Soldaten aus dem Ersten und Zweiten Weltkrieg und von Frauen und Kindern, die hier bei den vier Angriffen von September 1944 bis Februar 1945 gestorben sind. Mehr als 70 Jahre nach dem Zweiten Weltkrieg hat die Natur die Toten mit dichten Efeuranken zugedeckt. Aus den Grabplatten der Zivilisten haben sich zum Teil die Namen ausgewaschen, oder sie sind mit Moos bewachsen. Die Namen der Soldaten, die hier beerdigt wurden, sind oft noch klar zu erkennen – auch bei den über 100 Jahre alten Kreuzen der Soldaten aus dem Ersten Weltkrieg. Manchmal sieht man, dass an dem einen oder anderen jüngeren Grab ein Licht brennt. Eine berührende Geste, die die Erinnerung an die Toten wachhält.

Am Bahnhof Rheydt kamen im Ersten Weltkrieg die verletzten Soldaten an, um im Lazarett in Odenkirchen gesund gepflegt zu werden. Wer starb, wurde auf dem Friedhof begraben, der jetzt Teil des Schmölderparks ist. Man sieht die Gräber nicht sofort, wenn man den Park betritt. Nur die Grabplatten der Zivilisten sind kreisförmig in vier Reihen auf einer Lichtung angeordnet. Die Wege zu den Gräbern sind nicht so breit und einladend wie die Eingangswege, die die Besucher direkt zu den Spielplätzen und zu dem kleinen Pavillon leiten.

Es sind nur wenige Schritte zwischen Grabfeldern und den Spielplätzen, auf denen es nur im tiefsten Winter und bei Dauerregen still ist. Im Frühjahr beginnt hier wieder das Leben: Kleinkinder machen ihre ersten Gehversuche, die Größeren haben auf Schaukeln, Wippen und dem Klettergerüst lautstark Spaß. Auf den angrenzenden Wiesen wird gepicknickt, Federball und Boule gespielt, Jogger ziehen ihre Runden. Der Anfang und das Ende des Lebens gehören hier zusammen.

Adresse Schmölderstraße, 41239 Mönchengladbach | ÖPNV Bus 020, 022, Haltestelle Schmölderpark | Öffnungszeiten frei zugänglich | Tipp In direkter Nachbarschaft zum Soldatenfriedhof liegt der Gedichtweg. Auf Stelen in leuchtenden Farben steht jeweils der Text eines Gedichts eines zeitgenössischen Dichters aus der Region. Je nach Jahreszeit werden die Verse ausgetauscht, über die QR-Codes kann man noch mehr über die Dichter und ihre Worte erfahren.

91 Der Sonnenhausplatz

Die glitzernden Eselswege am Minto

Gut, elf Fohlen als Kunstobjekte auf dem Sonnenhausplatz hätten viele noch verstanden. Aber warum sieben Esel und dazu noch aus Bronze auf Glitzerasphalt? Seit 2015 stehen sie versammelt auf dem Platz vor dem Einkaufszentrum Minto. Rührend wirken sie auf der übersichtlich gestalteten Fläche.

Die Bildhauerin Rita McBride erdenkt und erschafft »Donkeys Way«, nachdem sie den Kunstwettbewerb »Neue Nachbarschaften – Kunst für den Sonnenhausplatz« für sich entschieden hat. Der Minto-Betreiber stiftet das Ensemble, die Stadt spendiert den stark funkelnden Asphalt dazu. Die, die vermuten, dass hier Strasssteinchen verbaut sind, liegen falsch. Eine Kunstharzschicht mit einem speziellen Gemisch aus Split reflektiert das Licht. Ein weiteres Leuchten auf dem Platz ist außerdem Teil des Werks: Um die Esel herum verlaufen Linien auf dem Boden, die in der Nacht schimmern.

Das Rätseln über deren Sinn gehört zur Kunst im öffentlichen Raum: Menschen beginnen zu diskutieren, freuen sich über das, was sie sehen oder werden wütend. Manche versuchen auch, die Kunst kaputt zu machen. Die armen Esel müssen sich entsprechend vom Schweifklau bis zum Loch im Kopf viel gefallen lassen, zeigen aber auch schon blanke Streichelstellen.

Eine Interpretation des Kunstwerks geht auf den Architekten Le Corbusier zurück. Er sieht in den Eselswegen die Ursache für die vielen gewundenen Straßenpläne seit dem Mittelalter und setzt ihnen rational-gerade Wegsysteme entgegen. Zurück zu den individuellen Pfaden soll McBrides »Donkeys Way« hier die Wege zwischen den neuen und alten Nachbarn in Gladbach markieren und sie verbinden. McBrides Installation steht für eine offene Stadt, die sich auf den Weg macht, ihren Bürgern zuzuhören, anstatt starren Plänen zu folgen. Wer das nend findet, läuft einfach weiter bis zum nahen Museum Abteiberg und trifft dort sicher andere Kunstbegeisterte zum Austauschen.

Adresse »Donkey's Way« am Sonnenhausplatz, 41061 Mönchengladbach | **ÖPNV** Bus 003, 010 und 033, Haltestelle Sonnenhausplatz, vom Hbf 10 Minuten zu Fuß | **Tipp** Das Café Hoffmanns mit urgemütlicher Wohnzimmeratmosphäre bietet drinnen und draußen einen hervorragenden Blick auf die Esel und ihre immer wechselnden Besucher. Dazu gibt es noch leckere Frühstücksvarianten und frische Bagels und Kuchen.

92 Das St. Vith

Ein Gasthaus als Sichtschutz

Am Alten Markt steht das St. Vith, und das eigentlich schon immer. Mit seinen hübschen Stufengiebeln und dem steil geneigten Satteldach gilt es als das älteste nicht kirchliche Gebäude und als älteste Kneipe der Stadt.

Schaut man genauer hin, entdeckt man eine Replik des heiligen Vith in der Hauswandnische. Frommen Wünschen nach schützt der Patron unter vielen anderen Gruppen passenderweise auch die Brauer.

Bevor man sich zum Testen ein Bier genehmigt, schließt man kurz die Augen und denkt sich ins Jahr 1586. Auf dem Markt gegenüber der Abtei steht der Holzpranger. Hier stellen die Mönche regelmäßig kleine Sünder und Verbrecher zur Schau, die sich vor Scham am liebsten im harten Boden verkriechen würden.

Als der Abt einmal auf Reisen geht, nutzt der herzogliche Vogt die Gunst der Stunde. Er lässt den Pranger abreißen und ihn durch ein steinernes Exemplar mit dem Wappen der Herzöge von Jülich ersetzen. Bis dahin kümmert den Abt die Aussicht aus dem Abteifenster auf die verlorenen Seelen offenbar wenig. Jetzt aber fuchst ihn die Niederlage, die unverschämte Demonstration weltlicher Macht. Um also nicht mehr täglich an die Schmach erinnert zu werden, befiehlt er den Bau eines Gästehauses für sein Kloster.

Egal, ob es sich wirklich genau so und genau in diesem Jahr zugetragen hat: Das St. Vith steht noch, und in seinem Inneren bleiben die Steinkrüge nie lange leer. Karten spielen, singen, tanzen und Bier trinken: Generationen von Mönchengladbachern und ihren Gästen feiern sich hier quasi durch die Jahrhunderte. »Pitter, drenk dä Dropp mar noch uut, ech ho'el dech e nöj«, soll die geschäftstüchtige Wirtshaustochter um 1850 immer zu ihrem Stammgast sagen. Erst wenn Peter seinen Bierdeckel auf den Rand legt, holt sie ihm kein neues. Den Brauch kennt man bis heute. In dieser Hinsicht ist also alles beim Alten am Alten Markt.

Adresse Alter Markt, 41061 Mönchengladbach | **ÖPNV** Bus 003, 007, 008, 009, 010, Haltestelle Stadtverwaltung, dann 3 Minuten zu Fuß | **Öffnungszeiten** So 10–24 Uhr, Mo–Do 11.30–2 Uhr, Fr 11.30–2 Uhr, Sa 10–2 Uhr | **Tipp** Erst Bier-, dann Wissensdurst löschen oder umgekehrt: Das mit Leidenschaft geleitete Antiquariat in der Rathausstraße 10, unterhalb des St. Vith, führt auch eigene Nachdrucke seltener antiquarischer Bücher zur Gladbacher Stadtgeschichte (www.antiquariat-am-st-vith.de).

93 Das Stadtarchiv

Zwei Nummern für Goebbels' Geburtshaus

Menschen haben ein Gedächtnis, Städte ein Archiv. Wie überall sonst in Deutschland bewahren auch die Gladbacher Archivare hier Textdokumente und Bilder auf. Was sie sammeln, erfassen, bewerten, erschließen, erforschen und sichern, ist bis auf Dokumente mit einer Sperrfrist für jeden Bürger offen einsehbar. In den sogenannten Findbüchern kann online recherchiert werden, und die Funde können ins Vituscenter in den Lesesaal bestellt werden. Geburtsregister, Kirchenbücher, alte Dokumente und Fotos längst verschwundener Orte – die Recherchemöglichkeiten sind immens, bleiben aber von der breiten Öffentlichkeit meist unbeachtet.

Aufsehen erregt 2014 allerdings folgendes Ereignis: Ein Rheydter Lehrer erzählt im Archiv von einer Entdeckung. In einer Jubiläumsausgabe des Rheydter Stadttheaters aus den 1930er Jahren ist auf einem der Fotos auch das Geburtshaus des einflussreichen Nazis Goebbels in der Odenkirchener Straße 202 zu sehen. Langes Nachforschen braucht es dafür nicht: Das Haus, in dem Joseph Goebbels, der ehemalige Ehrenbürger Rheydts und Massenmörder, geboren ist, steht noch. Und das, obwohl man jahrzehntelang davon ausgeht, ein Bombenhagel habe es zerstört.

Was ist geschehen? In Goebbels' Geburtsurkunde gibt der Standesbeamte die Odenkirchener Straße 186 an. Die übersteht den Krieg tatsächlich nicht. 1904 ändert man allerdings viele Hausnummern und Straßennamen, um eine neue Ordnung im schnell wachsenden Rheydt zu schaffen. Kurz: Das Haus an der Odenkirchener Straße 186 ist identisch mit dem hellgrünen, das heute die Nummer 202 trägt.

Die »Beiträge zur Geschichte der Stadt Mönchengladbach« beschäftigen sich unter anderem auch mit dem Geburtshaus, in dem Goebbels tatsächlich nur kurz mit seinen Eltern wohnt. Herausgegeben wird die Schriftenreihe vom Archiv, wo Gladbacher selbst auf Spurensuche gehen können – nach Orten, Menschen und der eigenen Geschichte.

Adresse Goebenstraße 4–8, 41061 Mönchengladbach | ÖPNV nur einige Meter vom Hbf Mönchengladbach entfernt | Öffnungszeiten Mo 13.30–17 Uhr, Di–Do 9–17 Uhr | Tipp Gemütlich, unkompliziert, immer voll: Unweit des Archivs liegt eine Gladbacher Institution, das Café Mokka. Im Sommer kann man auch draußen auf der ruhigen Straße vor dem Café sitzen (Stephanstraße 1, Mo–Mi 9–23 Uhr, Fr 9–24 Uhr, So 10–22 Uhr).

94 Die Stadtbibliothek

Ein Besuch in der B(l)ücherstraße

Zwischen Regalen sitzen Schüler über einem Referat, im Foyer vertiefen sich Leser in Ohrensessel und Romane, und im Innenhof blättert eine Dame in einer Zeitschrift. Die Zentralbibliothek ist ein Ort zum Schmökern, Lernen, Recherchieren und Leihen, gemeinsam oder allein.

Über den an ein gekacheltes Schwimmbad erinnernden Bau von 1964 und den Ort diskutiert man lange. Mittlerweile steht das Gebäude als Carl-Brandts-Haus in der Denkmalliste der Stadt. Die Bibliothek gehört hierher, auch wenn sie zwischenzeitlich rund 30 Jahre an der Bismarckstraße untergebracht war. Die Geschichte dazu geht so:

Reinholdt Brandts schenkt die Textilfabrikantenvilla seiner Eltern an der Kaiserstraße/Ecke Blücherstraße der Stadt unter einer Bedingung: Das Haus soll als Bibliothek, Archiv und Museum genutzt werden. Die schon 1905 in der Rathaus-Abtei eröffnete Stadtbücherei siedelt 1927 in die Brandts-Villa über, bis 1933 die schwarze Liste eine komplette Neuorganisation verlangt. Die Nazis lassen mit der »Aktion wider den undeutschen Geist« alle Bücher entfernen, die nicht in ihr Weltbild passen. Die Bibliothek zieht weiter in die Bismarckstraße und füllt sich rasch, auch dank Gladbacher Buchspenden. Die Villa übersteht den Krieg zwar nicht, das Areal aber bleibt Stadteigentum. 1962 beginnt der Bau der Zentralbibliothek.

Die Bibliothekskultur blüht mittlerweile an vier Standorten mit Lesungen, Patenschaften, interkultureller Familienbibliothek und dem Förderverein Lust am Lesen e.V. Auch der Gründerwunsch, ein Ort für Sammlungen zu sein, bleibt erfüllt. Das Internationale Exlibris-Zentrum Mönchengladbach zeigt hier eine der größten ehemals privaten Exlibris-Sammlungen weltweit. Besondere Stücke liegen in der wechselnden Mini-Ausstellung in der Vitrine am Eingang. Carl und Clara Brandts hätte das sicher gefallen. An sie erinnern zwei Porträts im Lesesaal hinter der Fernleihe.

Adresse Blücherstraße 6, 41061 Mönchengladbach, www.stadtbibliothek-mg.de | **ÖPNV** Bus 003, 010, 033, Haltestelle Am Minto, 6 Minuten zu Fuß | **Öffnungszeiten** Di–Fr 10–18 Uhr, Sa 10–14 Uhr, Veranstaltungen siehe Webseite | **Tipp** Eine Gedenkplatte und ein Gedenkstein links vom Eingang der Stadtbibliothek erinnern an die Zerstörung der Synagoge 1938 auf der gegenüberliegenden Straßenseite und an die verfolgten und ermordeten jüdischen Mönchengladbacher.

95_Stars of the Galaxy

Die Tür zu fremden Galaxien

Von außen sieht das schlichte Gebäude noch aus wie das Schwimmbad, das es einst war. An der Fassade sieht man das Bild dreier Kinder in dem Moment, in dem sie nach dem Sprung vom Turm gerade ins Wasser eintauchen. Die friedliche Szene täuscht: Hinter den Mauern findet der Krieg der Sterne statt – mitten in Mönchengladbach am Berliner Platz. Beim Eingang in das Museum Stars of the Galaxy stehen die Stormtroopers Spalier.

Seit 2011 gibt es das Museum im ehemaligen Kaiserbad. Dort, wo einst die Umkleidekabinen waren, sehen Besucher heute in Dioramen Szenen aus den Star-Wars-Filmen. Wo früher die Duschen waren, schießen Besucher nun ein Erinnerungsfoto der legendären Szene mit Han Solo und dem Kopfgeldjäger. Im tiefen Becken, in das ganz mutige Badegäste vom 7,5-Meter-Brett sprangen, ist im Maßstab 1:6 der Eisplanet Hoth nachgebildet – inklusive eines angriffslustigen Wampa und eines imposanten AT-AT. Die türkisblauen Kacheln des Beckens geben der Eislandschaft heute den unterkühlten Farbton.

1.000 Exponate sind hier zu entdecken. Neben einigen Originalen sind das auch viele Repliken. Wer sich dafür interessiert, wie die Special Effects in den Filmen entstanden sind, ist hier richtig. Detailgetreu werden in Dioramen die Dreharbeiten, Ateliers der Studios und Filmszenen nachgestellt. Hier und da haben die Macher ein Easter Egg eingeschmuggelt, ein Detail, das dort nicht hingehört. Den Raumschiffen, die in den Filmen riesengroß sind, kommt man hier ganz nahe. Deutlich ist zu erkennen, wie sie aus Modellsätzen von U-Booten, Panzern und Kriegsschiffen zusammengebaut wurden, bevor sie in Nahaufnahme durch fremde Galaxien schwebten.

Weil immer wieder neue Szenen aufgebaut werden, ändert sich die Ausstellung ständig. Das zieht Star-Wars-Fans aus ganz Deutschland und dem Ausland an. Viele Sammler bieten dem Museum auch Stücke an, weil das eigene Wohnzimmer für das Sternenzerstörer-Modell aus 400.000 Legosteinen einfach zu klein ist.

Adresse Berliner Platz 10, 41061 Mönchengladbach, www.starsofthegalaxy.de | **ÖPNV** Bus 015, 017, 025, Haltestelle Friedrichstraße, SB81, Haltestelle Fliethstraße | **Öffnungszeiten** Do–Fr 12–18 Uhr, Sa 10–18 Uhr, So 12–17 Uhr | **Tipp** Erholung findet man nach dem Sternenkampf am Geroweiher, der nur fünf Minuten entfernt ist. Auf den bunten Enzis, den großen Kunststoffliegen, lässt es sich gut unter Bäumen chillen und picknicken.

96 Der Stolperstein

Stehen bleiben für Rosa Jonas

Da blinkt etwas auf dem Boden vor der Stadtvilla in der Mozartstraße 9. Es ist einer von 278 Stolpersteinen in Gladbach und einer von etwa 7.000, die der Künstler Gunter Demnig seit 1992 verlegt. Die kleine Messingplatte mit Gravur erinnert an den letzten, noch selbst gewählten Wohnort der Opfer vor ihrer Ermordung durch die Nazis.

Hier in der Nummer 9 lebt Rosa Jonas, bis sie von Hitlers Schergen umgesiedelt und getötet wird. Eigentlich hätte die Witwe des jüdischen Musikmäzens Gustav Jonas der Deportation entgehen können. Ihr Sohn, der Philosoph Hans Jonas, organisiert eine auf ihren Namen ausgestellte Einreiseerlaubnis nach Palästina. Diesen begehrten Schein kann Jonas nur für ein Familienmitglied bekommen – auch in Palästina ist die Situation angespannt. Dringend bittet er seine Mutter, Gladbach zu verlassen, und Rosa Jonas stimmt endlich zu. Bis dahin will sie nicht glauben, was ihr Sohn schon lange weiß: Als Juden werden sie unter den Nazis niemals anerkannt und sicher sein.

Rosa plant ihre Abfahrt, als ihr anderer Sohn verhaftet und nach Dachau gebracht wird. Ziemlich schnell wird klar: Sie kann ihren Georg retten, wenn er an ihrer Stelle nach Israel emigriert. So bittet sie Hans, die Papiere auf seinen Bruder umschreiben zu lassen. Kurz darauf verlässt Georg das Land. Hans Jonas bemüht sich verzweifelt, eine weitere Einreisegenehmigung zu organisieren. Es gelingt ihm nicht. Rosa muss in ein Judenhaus umziehen, wird später ins jüdische Getto Lodz gebracht und 1942 in Auschwitz ermordet.

Nach Erkenntnissen des Washingtoner Holocaust Memorials soll es 42.500 Lager der Nazis in Europa gegeben haben. Eines ihrer Opfer heißt Rosa Jonas und kommt aus Gladbach. Wenn man hier auf der Mozartstraße die kleine Platte mit den wenigen Koordinaten sieht und daran denkt, stolpern die Gedanken. Wirklich begreifen kann man nichts.

Adresse Bürgersteig vor der Mozartstraße 9, 41061 Mönchengladbach; zweiter Stein für das Opfer Elsie Betty Wallheimer direkt neben Rosa Jonas' Stein | **ÖPNV** Bus 001, 015, CE89, Haltestelle Kaiser-Friedrich-Halle, von dort 2 Minuten zu Fuß | **Tipp** Auf der Hagelkreuzstraße, 500 Meter entfernt, finden sich Gedenksteine für Julie Ullmann und für Berta, Denny, Henriette und Julius Wolff. Das Geoportal im Netz zeigt die Orte, an denen im Stadtgebiet bislang Steine verlegt wurden.

97 Die Synagoge

Jüdisches Leben in der Stadt

Es ist nicht vorbei. Mehr als 70 Jahre nach dem Krieg gelten für das jüdische Gemeindezentrum in der Albertusstraße immer noch erhöhte Sicherheitsmaßnahmen. An manchen Tagen steht vor der Tür ein Polizeiwagen. Besucher müssen sich vorher anmelden und ausweisen. Mit einem leisen Surren öffnet sich die Tür, und man steht in der gläsernen Sicherheitsschleuse. Erst wenn die Haustür wieder geschlossen ist, werden Besucher ins Foyer gelassen. Unter einem beleuchteten Davidstern erinnert ein Modell an die 1938 zerstörte Synagoge. Nur ein Schlüssel ist übrig geblieben. Heute nutzt die jüdische Gemeinde einen Raum in ihrem Gemeindehaus für ihre Gottesdienste, Vorträge und den Unterricht der Kinder.

Das Haus an der Albertusstraße 54 fällt nur durch den hebräischen Schriftzug über der Tür auf. »… denn mein Haus wird ein Haus des Gebetes für alle Völker genannt«, heißt der Satz aus dem Buch Jesaja 56-7 übersetzt. 1935 hat die jüdische Gemeinde das Haus gekauft. Nach der Zerstörung der Synagoge an der Blücherstraße 1938 nutzt sie es als Ersatz-Synagoge und für die jüdische Schule. Den Überlebenden, die 1945 wieder eine Gemeinde aufbauen, wird das schwer beschädigte Haus zurückgegeben. 20 Jahre später reißt die Gemeinde das Haus bis auf die Kellermauern ab und baut ein neues Gemeindezentrum mit Synagoge. Besonders durch den Zuzug aus Russland, Polen und der Ukraine wächst die Gemeinde auf heute rund 700 Mitglieder an.

Die Synagoge ist ein klar strukturierter Raum im Stil der 1970er Jahre. Der Aaron Ha Kodesch, der Thoraschrank im Zentrum, fällt sofort auf. Er ist mit einem dunkelblauen Tuch verdeckt. In Gold sind die Namen der Spender und das jüdische Jahr 5778 eingestickt. Der Gottesdienst findet traditionell in hebräischer Sprache statt. Eine halbe Stunde vor Beginn wird auf Deutsch das Thema erklärt. Jeder ist eingeladen, dabei zu sein und jüdisches Leben mit seinen Traditionen hautnah zu erleben.

Adresse Albertusstraße 54, 41061 Mönchengladbach | **ÖPNV** Bus 001, 015, 025, CE89, Haltestelle Mönchengladbach Kaiser-Friedrich-Halle | **Öffnungszeiten** vor dem Besuch eines Gottesdienstes Anmeldung unbedingt erforderlich, nur mit Ausweis (juedischegemeindemg@gmx.de) | **Tipp** Im Kulturzentrum BIS (Bismarckstraße 98) wird regelmäßig der Workshop Klez-Treff angeboten. Gespielt wird traditionelle jüdische Klezmer-Musik.

98 Die Tennisgesellschaft

Das Mekka zukünftiger Legenden

Ganz so heilig wie der Centre Court in Wimbledon ist der Platz der Tennisgesellschaft Rot-Weiß Mönchengladbach nicht. Aber einige Legenden des internationalen Tennis haben hier erste Siege gefeiert und bittere Niederlagen erlebt. Steffi Graf, Boris Becker, Ivan Lendl, Björn Borg: Sie alle haben auf dem Platz im Herzen Mönchengladbachs zwischen den Bäumen des auslaufenden Bunten Gartens bei den Jugendturnieren gespielt. Damals war das Turnier eines der wichtigsten für Nachwuchsspieler.

Am Rand der zehn Tennisplätze spürt man die Nähe zum Bunten Garten, der direkt vor dem roten Tor liegt. Hohe Bäume säumen die Tennisplätze, die Tannen lassen den einen oder anderen Zapfen an den Spielfeldrand fallen. Von der Terrasse des öffentlichen Restaurants kann man den Ballwechseln zusehen. Von 1977 bis 1996 sind die zehn Plätze der Anlage das Mekka des weltweiten Tennis-Nachwuchses mit Ambitionen für eine Profi-Karriere. Die German Juniors Open in Mönchengladbach liegen in ihrer Bedeutung direkt hinter den großen Grand-Slam-Turnieren. Dem Verein aber werden schließlich Organisationsaufwand und finanzielles Risiko zu groß. Er gibt das Turnier ab.

13 Jahre dauert die Pause: 2009 sind die roten Spielfelder Schauplätze der ersten NRW Junior Open. Das Hochleistungsturnier ist wieder zurück – wenn auch noch nicht in der Bedeutung des früheren Turniers. Der Verein überzeugt die Tenniswelt. 2019 stuft der Weltverband den Rang des Jugendturniers von Grade 4 auf Grade 3 hoch. Für Tennistalente mit Top-Potenzial ist es nun noch attraktiver, in Mönchengladbach zu starten, weil sie mehr Ranglisten-Punkte für die Platzierung bekommen. Die Chancen, zukünftige Legenden des weißen Sports auf dem Centre Court von Rot-Weiß zu erleben, sind wieder deutlich angestiegen. Schon kann die Neuauflage mit einem prominenten Namen aufwarten. Als Jugendlicher spielt Deutschlands Nummer 1 Alexander Zverev 2011 bei dem Turnier.

Adresse Lettow-Vorbeck-Straße 99, 41063 Mönchengladbach | **ÖPNV** Bus CE89, Haltestelle Mönchengladbach Friedhof | **Öffnungszeiten** Mo ab 17 Uhr, Di– So ab 11 Uhr; NRW Junior Open jedes Jahr im Juli | **Tipp** Um einen Sport ganz anderer Art geht es auf der Anlage des 1. KGC Mönchengladbach: Anfänger wie Profis können hier Minigolf spielen. Der 1. KGC richtet auch Turniere aus (Lettow-Vorbeck-Straße 55, www.minigolf-kgc.de).

99 Das Textiltechnikum

Küchentücher made in Mönchengladbach

Oberflächlich betrachtet ist es nur ein Geschirrtuch. Nicht einmal eines von der feinen Sorte. Eher grob gewebt. Eines, das nicht kaputtgeht und an die nachfolgende Generation vererbt werden kann. Aber wer will schon ein Küchentuch erben? Es sei denn, es wurde auf einem der historischen Webstühle im Textiltechnikum hergestellt. Diese karierten Tücher sind eine Rarität, denn sie werden nur an jedem dritten Sonntag von Hand gewebt und verkauft. Ob man ein Tuch in klassischem Blau, Rot, Orange, Gelb oder Beige bekommt, hängt davon ab, welches Garn zur Verfügung steht. Das Stück Stoff ist Textil-Historie mit praktischem Nutzwert.

Nirgends in der Stadt erfährt man so viel über die Geschichte der Textilindustrie und den Herstellungsprozess von Stoffen wie im Textiltechnikum. 2015 zieht das städtische Museum mit seiner Sammlung historischer Textilmaschinen in die ehemalige Produktionshalle des Monforts-Quartiers. Hier werden bis 2014 die Maschinen für die Textilindustrie gebaut. Der Charakter der Halle ist mit den hohen Fenstern und schweren, tragenden Säulen erhalten geblieben. An der Wand hängt noch die Tafel für Bekanntmachungen der Abteilungen Textil, Allgemein und Werkzeug. Die Schienen für die Produktionsstraßen liegen im Boden, auch die gelben Markierungen der Produktionsstraßen sind noch da. An der Wand hängt der Spender mit den Ohrstöpseln für den Gehörschutz.

Neben der Herstellung von Garn und Stoffen ist das Färben ein wichtiges Thema der Ausstellung. Als die Hochschule Niederrhein in einem Lager eine Farbpigment-Sammlung mit rund 10.600 Flaschen entdeckt, ist das in der Fachwelt eine kleine Sensation. Die Hochschule verfügt damit über die größte Sammlung der Welt. Die Entwicklung synthetischer Farben Mitte des 19. Jahrhunderts macht das Färben von Stoffen einfacher und kostengünstiger. Im Textiltechnikum werden rund 3.000 Glasflaschen mit den bunten Pulvern präsentiert.

Adresse Monforts-Quartier, Schwalmstraße 301, 41238 Mönchengladbach | ÖPNV Bus SB81, 005, 006, Haltestelle Monforts-Quartier | Öffnungszeiten Mo–Fr 11–15 Uhr (außer an Feiertagen), jeden 3. So im Monat 13–17 Uhr und nach Vereinbarung | Tipp Das Restaurant Kette & Schuss trägt die wichtigsten Komponenten einer Textilmaschine schon in seinem Namen. In einem Teil der ehemaligen Waschräume der früheren Fabrik gibt es nun regionale Spezialitäten zur Mittagszeit und dazu das authentische Gefühl der Industriekultur mit dem Blick in die Spindräume der Arbeiter.

100_Das Theater

Eine Bühne für Karrieren

Es ist schon passiert, dass Mönchengladbacher Opernfreunde von einer Vorstellung der weltberühmten Scala geschwärmt haben und sich fragten, warum sie solche Stimmen nicht im eigenen Theater an der Odenkirchener Straße hören. Oder dass Theaterliebhaber sich wünschten, einen Schauspieler, den sie aus Filmen kennen, auf der heimischen Bühne zu sehen. Beim Blättern in alten Pogrammheften kann es sein, dass sie genau auf diese Namen in der Besetzungsliste stoßen. Die Liste bekannter Künstler, die am Anfang ihrer Karriere auf der Bühne des Stadttheaters standen, ist lang. Von hier aus eroberten sie die Bühnen der Welt.

Die Sopranistin Dara Hobbs geht nach fünf Jahren an den Vereinigten Städtischen Bühnen Mönchengladbach und Krefeld nach Bayreuth, der Bariton Simon Pauly startet von hier aus in Berlin und Bayreuth durch, Bariton Lado Ataneli singt später auf internationalen Opernbühnen: Die Met in New York, die Royal Albert Hall in London und die Scala in Mailand sind Stationen. Auch im Schauspiel-Ensemble finden sich bekannte Namen unter den Ehemaligen: Eva Mona Rodekirchen, Matthias Brandt, Ulrich Matthes und Gottfried John, der im James-Bond-Klassiker »Golden Eye« dem Agenten das Leben schwer machte.

Nicht nur die Ehemaligen verstehen ihr Fach. Viele Mitglieder im Schauspiel-Ensemble haben ihre ersten Erfahrungen in großen Theatern gemacht oder in Fernsehserien mitgespielt. Dass es in anderen Ländern kaum feste Ballett-Ensembles gibt, ist für das Theater ein Glück. Ein festes Engagement in der Ballett-Compagnie ist begehrt bei jungen Talenten. Menschen aus 29 Nationen arbeiten auf der Bühne und hinter den Kulissen. Der gute Ruf der Städtischen Bühnen zieht Theaterliebhaber aus Köln, Essen und Düsseldorf an. Auch aus dem Ausland kommen Besucher nach Rheydt und wünschen sich, solche Künstler mal auf der Theaterbühne ihrer Stadt zu erleben.

Adresse Odenkirchener Straße 78, 41236 Mönchengladbach | **ÖPNV** Bus 001, 002, 004, 006, 014, 016, 019, 020, 022, 024, 097, SB1, SB81, Haltestelle Marienplatz oder Rheydt Hbf | **Öffnungszeiten** Theaterkasse Mo–Fr 10–19 Uhr, Sa 10–14 Uhr; Abendkasse 1 Stunde vor Vorstellungsbeginn | **Tipp** Wer sich vom Theater in Richtung Innenstadt wendet, passiert den »Triumphbogen« von Rheydt. Dabei handelt es sich um das alte Sparkassenportal, das im Zuge des Umbaus des Marktplatzes einen neuen Standort erhielt und dessen Rückseite Theaterfotograf Matthias Stutte gestaltet hat.

101 Die Trabrennbahn

Laufend gewinnen oder verlieren

Die älteste aktive Trabrennbahn Deutschlands verströmt einen nostalgischen Charme. Heute finden hier immer noch sehr regelmäßig Rennen statt. Wer hinfährt, erlebt eine kleine eigene Welt. Gladbach ist nicht Ascot, feine Roben und exquisite Hutkreationen sind eher die Seltenheit. Besucher aber, die die Spannung lieben, gern wetten und Freude dabei haben, pfeilschnellen Trabern mit Namen wie Come-on-sugar, Flower-Dragon oder Goodspeed beim Umrunden zuzuschauen, werden die alte Rennbahn großartig finden.

Viele Besucher sind sanft mitgealtert mit ihrem Freizeit-Lieblingsort. Im Land kämpfen viele Bahnen gegen den Wandel der Zeit. Vielleicht, weil das Pferd den Menschen fremd geworden ist, seit es im Arbeitsleben keine Rolle mehr spielt, oder auch, weil die Wettmöglichkeiten sich online vervielfacht haben. Die Gladbacher Bahn tut jedenfalls viel dafür, im Geschäft zu bleiben, und das mit Tradition. 2018 feiert sie »125 Jahre Trabrennsport an der Niersbrücke«.

Das erste Trabrennen startet am 13. August 1893 auf den Nierswiesen. Nach und nach kommen weitere Publikumsplätze dazu, eine Holztribüne stürzt während einer Veranstaltung ein, eine neue wird errichtet. Im Krieg beschlagnahmt das Militär das große Gelände. Nach 1948 rückt die Bahn dann mit neuer Tribüne, Flutlichtanlage, Startautos, asphaltierter Begleitautobahn über die Zeit in den A-Bahn-Status. In den Siebzigern und Achtzigern kommen noch ein Pavillon, eine Fernseh- und Fotoanlage und eine weitere Besuchertribüne dazu.

Gewettet wird am Totalisator, also zwischen den Wett-Teilnehmern untereinander und nicht gegen einen Buchmacher. Ab einem Euro Einsatz geht es los. Zweier-, Dreier- oder Viererwetten. Reihenfolge, Sieger, Zweiter oder Dritter?

Für die Profis unendliche Kombinationen, ihr Geld einzusetzen, und für Laien, es mit Spaß zu verlieren oder die Euro für das Kännchen Kaffee wieder einzuspielen.

Adresse Am Flughafen 5, 41066 Mönchengladbach | **ÖPNV** Bus 036, 025, Haltestelle Trabrennbahn | **Öffnungszeiten** Termine und aktuelle Infos zu den verschiedenen Rennen unter www.mgtrab.de | **Tipp** Eine weitere Institution ist der Trödelmarkt an der Trabrennbahn unter der Autobahnbrücke (Krefelder Straße 820) in Neuwerk. Hier gibt es samstags und mittwochs vom Retroschnäppchen bis zum Ramsch alles.

102 Das Treppenhaus des Eli

Die fittesten Feuerwehrleute der Welt

Ächzen, stöhnen, trampeln und anfeuern: Es ist Frühsommer, und zwei Feuerwehrleute kämpfen sich mit Atemschutz und in voller Montur vom Keller bis in den 15. Stock des Elisabeth-Krankenhauses, eines der wenigen Hochhäuser Gladbachs.

Neben Schläucheziehen und -aufrollen, Metallteile zur Zielmarkierung schlagen, einen 80-Kilo-Dummy durch die Gegend schleppen und eine Drei-Meter-Wand überwinden gehört auch das gefürchtet hohe Treppenhaus zu einer von vier Stationen. Für die Strecke brauchen die richtigen Cracks keine drei Minuten. Kraft, Kondition und Koordination – nur wer von allem eine Menge zu bieten hat, tritt beim TFA-Wettkampf auf der Suche nach dem »Toughest Firefighter Alive« an.

Der Berufsfeuerwehrmann und Sportler Armin Taube holt den in den Staaten beliebten Wettkampf ins kleine Mönchengladbach – und damit zum ersten Mal nach Europa. Fasziniert vom Mix aus öffentlichem Wettkampf, Sportevent und Show entwickelt er mit seiner Frau und einem engagierten Team ab 1998 über die Jahre den Standard für die Weltmeisterschaften.

»Sein« Wettkampf zieht jedes Jahr Feuerwehrleute aus ganz Europa nach Gladbach. Es bleibt sein Vermächtnis, denn 2012 stirbt Armin Taube und wünscht sich von seiner Familie und dem Team, dass es weitergeht. Und das tut es. Wer sich die etwa 200 Retter aus der ganzen Welt mal aus der Nähe anschauen will, kommt im Sommer nach Rheydt. Die »Toughest Firefighter Alive« messen und treffen sich in der Regel jedes Jahr am zweiten Juniwochenende. In der übrigen Zeit kann man hier im Treppenhaus des Elisabethkrankenhauses unauffällig testen, wie lange man selbst für die Stufen braucht, ganz ohne Uniform und tonnenschwere Stiefel. Das Treppenhaus ist leer, die Energie groß? Auf geht es. Einige Sportler aus der Umgebung halten sich hier schon länger beim Stockwerksteigen fit – mit der nötigen Rück- und Vorsicht, versteht sich.

Adresse Hochhaus auf dem Gelände des Elisabeth-Krankenhauses, Hubertusstraße 100, 41239 Mönchengladbach | **ÖPNV** Bus 004, 019, Haltestelle Elisabeth-Krankenhaus | **Tipp** Wer sich lieber im grünen Flachland um die Ecke sportlich betätigen will, trabt um den Rheydter Stadtwaldweiher. Für Jogger sind es vom Elisabeth-Krankenhaus keine zehn Minuten bis dorthin.

103 Die Turnhalle in Hehn

Graffiti gegen Vandalismus

Der Ort ist von der Hauptstraße nicht einsehbar. Vandalen nutzen das: Immer wieder finden die Hehner die Fassade ihrer Turnhalle beschmiert vor. Die Halle ist nicht der schönste Ort, aber sie wird von einer Baumallee mit Kreuzgang umrahmt. Jedes Jahr kommen Pilger, um die benachbarten Grotten mit den Figuren der 14 Nothelfer zu besuchen. Regelmäßig wird die Fassade deshalb neu gestrichen, und genauso regelmäßig tauchen die Schmierereien wieder auf – bis die Gemeindeschwester Stephanie Kallenborn eine Idee hat. Dem Vandalismus begegnet »Schwester S.« mit Graffiti-Kunst.

Noch heute ist die heitere Atmosphäre zu spüren, die im Sommer 2013 bei der Aktion »Spray One World« herrschte. Eine Mischung aus Festival, Dorffest und Kindergeburtstag. Ein Jahr hat Schwester S. mit ihrem Team das Event vorbereitet und dafür fünf internationale Graffiti-Künstler engagiert. Mit Gladbacher Schülern entwickeln die Sprayer ein Konzept, nach dem sie die Bilder auf die Fassade sprühen. Nebenher geben sie Workshops.

Gefühlt eine ganze Stadt greift zur Spraydose: Kindergarten- und Grundschulkinder, Jugendgruppen, die Senioren vom Altenheim gegenüber und die Bewohner des Josefshauses, einer Einrichtung für Menschen mit geistiger Behinderung. Zwischen den Bäumen, direkt neben den Stationen des Kreuzwegs, sind Folien gespannt, auf denen sich jeder ausprobieren kann. Eine Woche lang gehören Menschen mit Atemschutz in Hehn zum Straßenbild. Viele Schaulustige kommen, um den Künstlern zuzusehen.

Danach zieren Motive aus Mönchengladbach die Wand: Der Bücherbus, das Fußballstadion und die Hehner Kirche gehören dazu. Man muss schon nah herantreten, um zu sehen, dass die Farbe erste Risse bekommt und an kleinen Stellen abzublättern beginnt. Von Vandalen bleibt die Fassade verschont. Nur an die blau besockten Füße in roten Schuhen hat jemand etwas geschrieben: »Nike's sind Geiler.«

Adresse Heiligenpesch 39, 41069 Mönchengladbach-Hehn | ÖPNV Bus 025, Haltestelle Hehn-Kirche | Tipp Gleich neben der Turnhalle befindet sich die Wallfahrtskirche St. Mariä Heimsuchung mit Kapelle und den Grotten der 14 Nothelfer, die der Grotte in Lourdes nachempfunden sind.

104 Das Volksbad

Wasserschlacht im Jugendstil

Obwohl es auf Stahlträgern steht, strahlt das schlanke weiße Gebäude Leichtigkeit aus. Das Dach aus grünem Messing schimmert in der Sonne, unter den Arkaden leuchten die Spinde in sommerlichen Farben. Das Jugendstilgebäude im Volksbad ist noch im Original erhalten und steht unter Denkmalschutz. Alles andere hat sich seit der Eröffnung des Volksbades 1926 verändert. Von den Terrassen des Betriebsgebäudes hat man einen weiten Überblick über die Schwimmbecken und Liegewiesen. Das Bild, das sich heute den Besuchern zeigt, wäre damals ein großer Skandal und ein Fall für die Sittenpolizei gewesen: Frauen und Männer liegen in Bikini und Badehose nebeneinander oder ziehen ihre Bahnen in demselben Becken. Aufsehen hätten vor 90 Jahren auch die Tattoos erregt, die viele Körper schmücken. Damals trugen nur Seeleute und Sträflinge solche Hautbilder.

Das 107 Meter lange Gebäude in der Mitte des Bades teilt es in zwei Bereiche: Auf der einen Seite liegt das Spaßbad mit Wasserrutsche, Kleinkindbecken und Beachvolleyball-Feld, auf der anderen das Sportbecken. In den 1920er Jahren geben sich Frauen und Männer getrennt den Badefreuden hin. Das Gebäude markiert die Grenze zwischen ihnen. Ein Zaun verhindert, dass jemand diese Grenze überschreitet.

Für das Volksbad hat die Stadt Mönchengladbach einen Teil des Volksgartens umgebaut. Runde Becken gibt es noch nicht, auch Wasserschlachten finden in ordentlichen Bahnen statt. Das Wasser dafür kommt aus dem nahe gelegenen Bungtbach. Auf künstlich angelegten Sandstränden erholt sich die Badegesellschaft in Strandkörben. In den 1930er Jahren ist das Sportbecken Schauplatz für internationale Schwimmwettbewerbe. Geöffnet ist das Bad damals das ganze Jahr über: Im Winter trifft man sich auf den vereisten Wasserflächen zum Schlittschuhlaufen. Heute ist das Volksbad das älteste Bad und eines von zwei öffentlichen Freibädern in der Stadt.

Adresse Peter-Krall-Straße 63, 41065 Mönchengladbach | ÖPNV Bus 008, Haltestelle Volksbad | Öffnungszeiten Mai–Aug., täglich 10–19 Uhr | Tipp Wer sportlich noch etwas mehr Abwechslung haben möchte, findet im Volksgarten ideale Bedingungen für das Lauf- oder Fahrradtraining. Strecken für verschiedene Leistungsniveaus sind ausgeschildert.

105 Der Volksgartenweiher

Wer schwimmt da noch?

Alte Bäume, ein Spielplatz, eine Konzertmuschel, der kleine See: Auf den ersten Blick lässt sich im hübschen Volksgarten nichts Aufregendes entdecken. Man läuft am Weiher entlang – mehr gibt es nicht zu tun, seit die Boote weg sind, mit denen die Gladbacher am Sonntag gern über den See ruderten. Der Hund schnuppert am Ufer, alles ist ruhig.

Erstaunlich also, dass sich hier 2001 Szenen abspielen wie am schottischen Loch Ness. Statt Nessie versuchen damals Fernsehleute und Journalisten einen Riesenwels vor die Linse zu bekommen. Ihre Kameras und Hoffnungen richten sich – erfolglos – auf 30 Angler.

Warum die Aufregung? Kuno, wie man den Wels medienwirksam tauft, wird verdächtigt, mitten am Tag einen jungen Rauhaardackel verschlungen zu haben. Die Augenzeugenberichte sind zweifelhaft, aber die Geschichte ist so gut, dass sie das Sommerloch der Zeitungen füllt und es bis in die amerikanische Presse schafft. Auch das spanische Fernsehen kauft Bilder, Australiens Zeitungen berichten, und im Stadtpresseamt melden sich mehr als 100 Journalisten. Kuno lässt sich unterdessen nicht blicken. Erst eineinhalb Jahre später wird er tot im Schilf gefunden.

Heute »schwimmt« er ausgestopft und unsterblich im Gewölbekeller-Aquarium im Herrenhaus von Schloss Rheydt. Mit seinen 1,50 Meter Länge und 35 Kilogramm ist er ein Mordsbrocken – im Vergleich zu drei Meter langen und 150 Kilogramm schweren Artgenossen allerdings ein kleiner Fisch. Welse sind die größten Süßwasserfische unserer Breiten, sie wachsen zeitlebens und werden bis zu 80 Jahre alt.

Am Volksgartenweiher macht inzwischen ein Hobbyangler einen weiteren kapitalen Fang. Jedem Phantasiebegabten stellt sich nun die Frage: Schwimmt da noch einer? Wer sich mit Picknick und Kamera am Volksgartenteich auf die Lauer legt, hat vielleicht Entdeckerglück. Kleine Hunde sollten vorsichtshalber angeleint bleiben.

Adresse Volksgarten, Eingang Carl-Diem-Straße, 41065 Mönchengladbach | **ÖPNV** Bus 008, Haltestelle Reyerhütte, von dort aus etwa 7 Minuten zu Fuß | **Tipp** Lust auf Angeln? In Mönchengladbach gibt es auf der Jakobshöhe 68 das Angelfachgeschäft Säcker. Hier macht man mit Zubehör fürs Raubfisch-, Karpfen- und Forellenfischen einen guten Fang.

106 Der Vorster Busch

Das versteckte Biotop

Die Aussicht ist – grün. In mehreren Schattierungen: grüne Büsche, grüne Baumkronen, grüne Wasseroberfläche des Sees. Um in den Vorster Busch zu schauen, ist extra eine Holzterrasse gebaut worden. Manchmal werden hier leere Flaschen vergessen oder Chipstüten. Der Vorster Busch ist eines der interessantesten Biotope in Mönchengladbach. Allerdings auch ein sehr unzugängliches. Betreten dürfen Ausflügler den Lebensraum von rund 100 verschiedenen Vogelarten nicht.

2003 wurde das Gelände rund um den See Naturschutzgebiet. Sosehr der See zum Baden lockt, so verboten ist es. Zum einen, weil Kormoran, Seetaucher und Fischadler es nicht so gernhaben, wenn laute Menschen direkt neben ihren Nestern planschen. Zum anderen war der See früher eine Kiesgrube: Die Ufer sind steil, das Wasser kann unter der Oberfläche des über 20 Meter tiefen Sees unvorhersehbare Strömungen haben. Damit es Freizeitschwimmern leichter fällt, sich an das Badeverbot zu halten, hat die Stadt den Zugang zum See mit Hecken und Astgeflechten versperrt. Auf einem eigens angelegten Weg kann man um den See herumgehen – oder eben auf der Holzplattform Platz nehmen, die Aussicht genießen und spüren, wie Stress jeder Art von einem abfällt.

Es lohnt sich, ein Fernglas mitzubringen und das Leben aus der für die Tiere angenehmen Distanz zu beobachten. Ganz normale Stockenten genießen es, in Ruhe über das Wasser zu paddeln, die Nachtigall singt ihr Lied, und der Baumfalke findet fette Beute. Weil sie hier geschützt sind, haben sich auch Vogelarten angesiedelt, die vom Aussterben bedroht sind.

Im Laufe des Jahres verändert dieser Ort sein Gesicht. Im Frühling umkränzen ihn Wildblumen, im Sommer reifen Brombeeren, im Herbst zeigt er sich in seiner intensiven Farbenpracht. Sogar der See in der Mitte wechselt seine Farbe. Je nach Lichtintensität und -einfall wird sie von Grün zu einem intensiven Blau.

Adresse Louise-Gueury-Straße/Vorster Straße, 41169 Mönchengladbach | ÖPNV Bus 015, Haltestelle Hardterwald-Klinik; Bus 013, 025, Haltestelle Vorster Straße | Öffnungszeiten frei zugänglich | Tipp Schwimmen mit Naturerlebnis kann man im Schlossbad Niederrhein in Wickrath. Das Freibad ist von Bäumen umgeben, im Winter ist im Außenbereich des Hallenbades Open-Air-Schwimmen möglich.

107_Der Wasserturm

Oben der Himmel, unten das Wasser

Viele halten ihn für den schönsten Wasserturm Deutschlands, und selbst wenn einem nichts an Superlativen liegt, gut sieht er schon aus. Seine Pracht zeigt sich besonders, wenn man ihm vom Bunten Garten aus auf der Hagelkreuzstraße entgegenläuft.

Der Stadtbaumeister Otto Greiß plant den Wasserturm im Jugendstil und ist fest entschlossen, ein Wahrzeichen zu erschaffen. Es gelingt ihm, und Emil Hollweg trägt als Bildhauer mit seinen Steinplastiken dazu bei. Er verewigt den damaligen Oberbürgermeister Hermann Piecq nebst Familie im oberen Skulpturenkranz. Vielleicht als Hommage an den »ewigen Bürgermeister« stellt er außerdem dessen Sohn als heiligen Vitus im Stadtwappen dar. Für den unteren Kranz wählt Hollweg dekorative Wassertiere vom Krebs bis zum Flusspferd. Zwei Jahre bauen die Arbeiter, bis der Wasserturm 1909 den Dienst aufnehmen kann, den er bis heute tut. Zu Beginn wohnt der Pumpenwärter noch dort in der runden Pumpenwärterwohnung, so lange, bis die Technik übernimmt.

In Betrieb ist der Wasserturm also bis heute, selbst die beiden Weltkriege überdauert er. Zwar will das preußische Kriegsministerium sein Kupferdach liebend gern zur Waffenproduktion einschmelzen, aber die Stadt ignoriert die Forderung erfolgreich. Der Wasserturm hält in einem großen unteren und einem kleineren oberen Behälter treu seine unzähligen Kubikmeter Trinkwasser für die Versorgung der vielen Haushalte, die von ihm abhängen.

Wer sich den Turm an ausgewählten Terminen näher anschauen möchte, den erwartet nach 234 Stufen eine prächtige Rundsicht auf das grüne Gladbach – ein Moment für tiefe Heimatgefühle oder einfach für eine neue Perspektive. Die liefert im Übrigen auch die Führung, bei der Technik- und Architekturfreunde von NEW-Mitarbeitern alles erfahren, was man so zur Wasseraufbereitung und -verteilung und sonst noch über das Wahrzeichen wissen möchte.

Adresse Viersener Str. 115, 41063 Mönchengladbach | ÖPNV Bus 019, 010, 008, Haltestelle Wasserturm, vom Alten Markt zum Wasserturm etwa 10 Minuten zu Fuß stadtauswärts | Öffnungszeiten März–Aug. kostenlose Besichtigung am 1. Sa im Monat mit Führungen um 10, 11, 12 Uhr; kein Aufzug, keine Voranmeldung nötig | Tipp Ein bisschen genauer hinschauen lohnt sich auch auf der Hagelkreuzstraße. Hier stehen zum Teil sehr stilvoll restaurierte und denkmalgeschützte Stadthäuser mit liebevoll gestalteten Fassadendetails.

108 Die Webersiedlung

Das versteckte Viertel

In der Weihnachtszeit leuchtet die Webersiedlung wie kein anderes Viertel in der Stadt. Ab November schmücken die Bewohner ihre Häuser. Alle Nachbarn machen mit, damit die Weihnachtsdekoration ab ersten Advent strahlt. Lichterketten umkränzen die Dächer, beleuchtete Rentiergespanne stehen in den Vorgärten, und Sterne schmücken die Fassaden. Die Siedlung verwandelt sich in ein Weihnachtsdorf. Per Lichtinstallation verwandelt sich ein Haus in ein Lebkuchenhaus. Im Mittelpunkt steht der große Weihnachtsbaum am Weberplatz.

Mitten in Neuwerk liegt die Siedlung, zu der fünf Straßenzüge gehören. Die Webersiedlung liegt versteckt. Um hinzukommen, muss man die Hauptstraße verlassen und in eine Nebenstraße einbiegen. In der gefühlten Mitte des Viertels laufen vier Straßen sternförmig aufeinander zu und bilden einen Platz statt einer Kreuzung. Unter Bäumen stehen sechs schmiedeeiserne Bänke mit Holzsitzen. So weit voneinander entfernt, dass man dort ungestört ist, und gleichzeitig so nah, dass man sich bequem mit seinem Gegenüber unterhalten kann. Die Webersiedlung erinnert ein bisschen an ein bewohntes Freilichtmuseum.

1927 und 1928 werden die Häuser gebaut und offiziell Siedlung Engelbleck genannt. 100 Wohnungen entstehen. Ursprünglich sei das Viertel für Stadtbedienstete geplant worden, heißt es. Gewohnt haben hier hauptsächlich Arbeiter. Die Jahre hinterlassen ihre Spuren. Ende der 1970er Jahre sind die Häuser nicht mehr so ansehnlich, die Siedlung hat einen schlechten Ruf. Das ändert sich mit der Sanierung 1980 bis 1992. Seitdem stehen die sandfarbenen Häuser unter Denkmalschutz. Die Bewohner sieht man nun häufiger auf den kleinen Mauern vor ihren Häusern und auf den Bänken zusammensitzen. Sie pflegen ihre Siedlung, pflanzen Bäume und Blumen vor die Häuser und dekorieren dezent. Üppigen Schmuck gibt es nur in der Weihnachtszeit.

Adresse Weberstraße, Rauherstraße, Spinnerstraße, Am Tannenbaum, Eupener Straße, 41066 Mönchengladbach | **ÖPNV** Bus 036, Haltestelle Spinner Straße | **Tipp** Ganz in der Nähe liegen die Boetzelen Höfe, eine ehemalige Kammgarnfabrik. Um Textiles geht es in den Hallen immer noch: Modeboutiquen bieten Fashion für Frau und Mann.

109 Das Westend.MG

Das Dorf in der Maschinenhalle

Der ursprüngliche Nutzen der Halle ist noch zu sehen. Die Führungsschienen für die Kräne, mit denen tonnenschwere Maschinenteile durch die Halle gehoben wurden, hängen unter der Decke. Jetzt stehen Container-Büros in der Halle, in denen Start-ups an neuen Geschäftsideen feilen. Ein kleines Dorf für Gründer entwickelt sich in direkter Nähe zu etablierten Unternehmen, die die Start-ups mit Know-how, Kontakten und finanziell unterstützen.

Westend.MG wird das Start-up-Dorf getauft, nach dem Stadtteil, in dem es liegt. Die Halle mit den Büros ist gleichzeitig Veranstaltungsort. Regelmäßig stellen sich Unternehmensgründer mit ihren Geschäftsideen vor, die auf der Suche nach Kooperationspartnern und Geldgebern sind. Das größte Oberzentrum am linken Niederrhein, wie Politiker die Stadt gern betiteln, ist hier einer coolen Metropole am ähnlichsten. In dieser Halle soll die neue Gründerzeit beginnen, die die Stadt zu neuer wirtschaftlicher Blüte führt. Wie zu den besten Zeiten des Unternehmens, das hier einst Maschinen gebaut hat.

Schlafhorst war in Mönchengladbach ein großer Name. In den 1980er Jahren – seiner Blütezeit – beschäftigt der Textilmaschinenhersteller 5.000 Frauen und Männer. Wenn die Schicht zu Ende ist, kommt an der Blumenberger Straße kein Auto mehr durch. Zu dicht ist der Strom der Beschäftigten durch das Werkstor zum Parkplatz auf der gegenüberliegenden Seite. Mit seinem Verkauf beginnt der Niedergang des 1884 gegründeten Unternehmens. Im Sommer 2009 räumen die letzten Mitarbeiter die große Halle, statt Festreden zum 125-jährigen Jubiläum zu hören. Der Standort wird geschlossen. Der benachbarte Maschinenhersteller SMS Meer übernimmt das Gelände und vermietet die Gebäudeteile, die er nicht selbst nutzt. Der Geruch von Maschinenöl ist verflogen, der Klang der Produktion ist durch die Geräuschkulisse gelegentlicher Tischtennisturniere ersetzt worden.

Adresse Blumenberger Straße 143–145, 41061 Mönchengladbach | ÖPNV Bus 017, Haltestelle Landgrafenstraße | Öffnungszeiten Mo–Fr 10–17 Uhr | Tipp Jeden Samstag findet von 6 bis 14 Uhr auf dem ehemaligen Mitarbeiter-Parkplatz von Schlafhorst (Aachener Straße) ein Trödelmarkt statt. Echte Schnäppchenjäger und Profi-Trödler kommen früh, wer das Bummeln und die Flohmarkt-Atmosphäre bevorzugt, geht erst am späten Vormittag hin.

110 Der Zirkus Messajero

Von allem ein bisschen

Der Einrichtungsstil ist bunt: Holzstühle wie aus Urgroßmutters Küche stehen an Glastischen mit Animal-Print, Rattanstühle und solche, wie sie in Tagungsräumen von Hotels genutzt werden, an den Holztischen. Die Wände schmücken Spiegel mit goldenen Rahmen und eine Regenbogenfahne, über den Köpfen der Gäste schwebt ein Bild des letzten Abendmahls an der Decke. Ein bisschen Kitsch, ein bisschen Style. Dass die Kerzen auf die Tische tropfen, ist erwünscht. Hinter der schweren Eisentür erwartet die Besucher schon wieder eine ganz andere Welt. In eine bestimmte Schublade lässt sich der Zirkus Messajero nicht einordnen.

Lounge, Cocktail-Bar, Café, Restaurant oder Club: Niemand legt sich hier fest. Im Dezember 2004 wird in der alten Halle der ehemaligen Wollgarnspinnerei May & Cie. die Tradition einer früheren Gastronomie wieder aufgenommen und das Galerie-Café Messajero eröffnet. Nach dem Essen gibt es gelegentlich Livekonzerte in dem Raum hinter der dunklen Tür. Vor allem Gladbacher Künstler treten hier auf, und schon bald finden Konzerte statt, die in der Stadt Kultstatus bekommen. Für ein bestimmtes Genre aber will sich niemand entscheiden. Punk, Rock, Soul und Jazz: Der Konzertsaal hat schon vieles erlebt. Von Anfang an ist der Bassist Martin Engelien mit seiner Go-Music-Reihe dabei. Regelmäßig holt er zu den Konzerten Musiker in die Stadt, die mit Größen wie Bon Jovi oder Meat Loaf auf der Bühne stehen. Kein Monat vergeht ohne Partys und Konzerte. Das jüngste Kind im Veranstaltungsreigen ist die Komische Nacht, ein Comedy-Format.

Diese Abwechslung spiegelt sich im Publikum wider: Jugendliche fühlen sich hier genauso wohl wie Rentner. 2010 benennt der Messajero-Chef den Ort in Zirkus Messajero um. Das Ergebnis einer Bierrunde, in der keiner das Konzept klar definieren kann: Restaurant? Bar? Party-Location? Der Zirkus Messajero ist alles ein bisschen.

Adresse Sophienstraße 17, 41065 Mönchengladbach, www.messajero.com | ÖPNV alle Linien zum Hbf, Zirkus etwa 500 Meter hinter dem Bahnhof | Öffnungszeiten Küche: Di–Do 17–23 Uhr, Fr–Sa 17–24 Uhr, Veranstaltungen siehe Webseite | Tipp Ein Industriekletterer-Shop ist ein direkter Nachbar des Zirkus Messajero. Kletterer finden hier alles, was für einen sicheren Aufstieg nötig ist.

111 Der Zoppenbroicher Park

Von Freizeitkapitänen und Rennpferden

Familien machen ein Erinnerungsfoto vor einem der Teiche, auf den Wiesen sitzt eine Gruppe junger Männer mit einer Shisha-Pfeife, Pärchen spazieren Hand in Hand unter den Trauerweiden, und Kleinkinder machen ihre ersten Schritte: Der Zoppenbroicher Park ist zweifellos einer der schönsten Orte Mönchengladbachs. Einige Seitenarme der Niers fließen durch den Park und verbinden mehrere Teiche miteinander. Auf denen schwimmen neben Enten und Schwänen auch Modellboote. Die Kapitäne stehen nebeneinander auf den Stegen und steuern von dort die Routen.

Ende der 1970er Jahre wird der Park mit seinen verschlungenen Wegen und seinen rauschenden Bächen angelegt. Wo heute Freizeitkapitäne Erholung suchen, stand von Anfang des 19. Jahrhunderts bis 1977 eine der größten Baumwollspinnereien der Region. Gegründet wurde sie von den Brüdern Dietrich und Johann Lenssen. Adam Bresges kaufte 1827 die Baumwollspinnerei und das Schloss Zoppenbroich. Seine Nachfahren machten die Spinnerei zu einem Unternehmen mit mehreren tausend Mitarbeitern.

Überregionalen Ruhm erlangt der Name Zoppenbroich durch die Leidenschaft der Familie Bresges für schnelle Pferde. Gegenüber der Fabrik gründet Walter Bresges 1923 das Gestüt Zoppenbroich, das mit seinen Rennpferden auf internationalen Turnieren Preise gewinnt. In den 1980er Jahren stellt das Gestüt drei Derby-Sieger und ist damit im Rennsport eines der führenden Gestüte für Vollblüter. 2012 endet die Geschichte des Gestüts mit der Aufgabe der Zucht.

Die Koppeln und das Schild »Gestüt Zoppenbroich« an der Einfahrt gegenüber dem Park erinnern noch an die großen Zeiten. Der Ruhm und die Bedeutung der Unternehmerfamilie für die Region ist bis heute gegenwärtig: Im Volksmund wird der Zoppenbroicher Park oft auch Bresges-Park genannt.

Adresse Zoppenbroich 72, 41238 Mönchengladbach | **ÖPNV** Bus 004, Haltestelle Zoppenbroich | **Tipp** Das Restaurant Orofino, benannt nach einem der erfolgreichsten Rennpferde des Gestüts Zoppenbroich, befindet sich direkt neben dem Gestüt und gegenüber dem Park. Hier kommen türkische Leckereien und Tapas auf den Tisch.

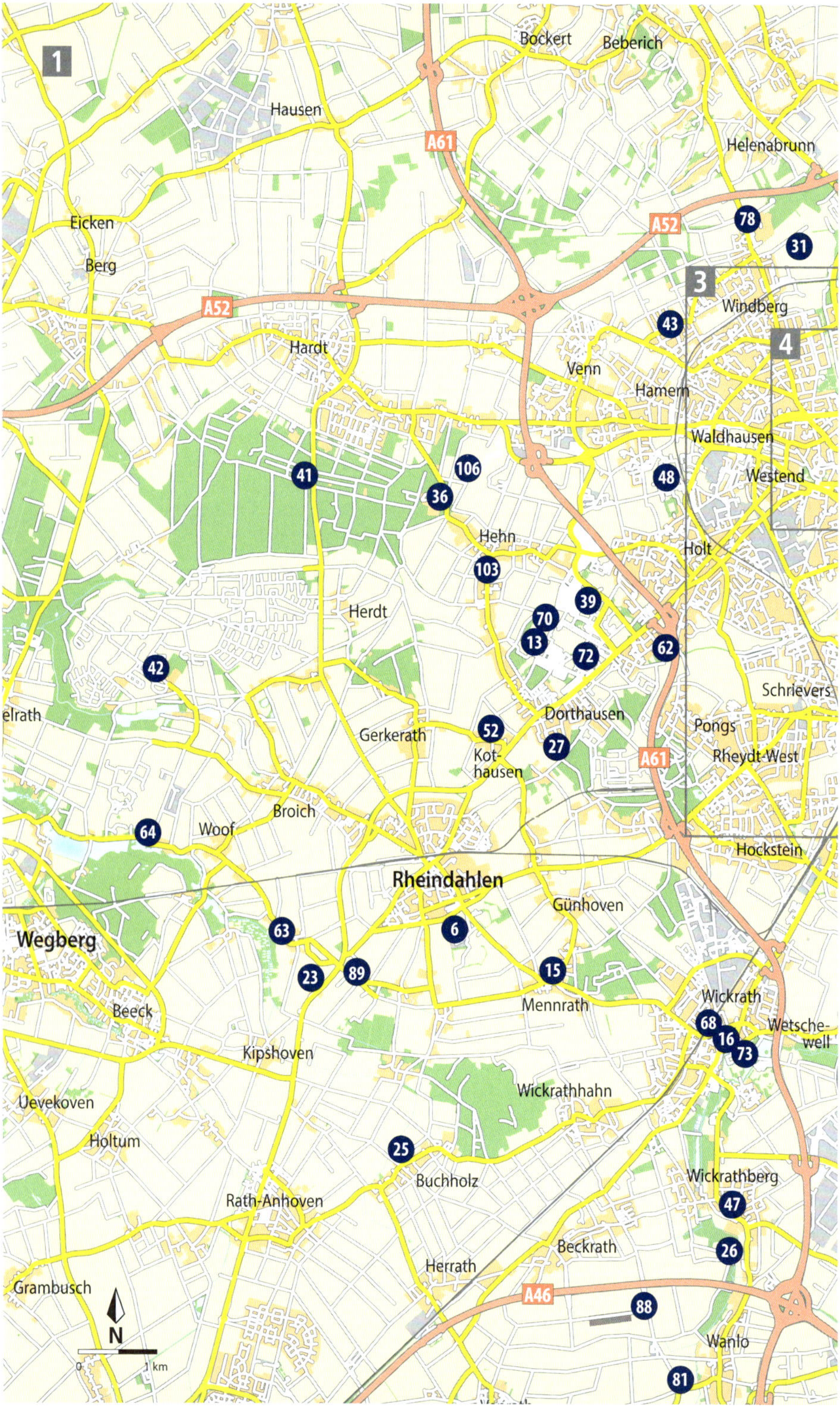
1
Bockert
Beberich
Hausen
A61
Helenabrunn
78
A52
31
Eicken
Berg
3
Windberg
A52
43
Hardt
4
Venn
Hamern
Waldhausen
106
41
36
48
Westend
Hehn
Holt
103
39
Herdt
70
13
72
62
42
Schrievers
elrath
Dorthausen
Pongs
Gerkerath
52
27
Kot-
hausen
A61
Rheydt-West
Broich
64
Woof
Hockstein
Rheindahlen
Günhoven
Wegberg
63
6
89
23
15
Mennrath
Beeck
Wickrath
68
16
73
Wetsche-
well
Kipshoven
Uevekoven
Wickrathhahn
Holtum
25
Buchholz
Wickrathberg
Rath-Anhoven
47
Beckrath
26
Herrath
Grambusch
A46
88
N
Wanlo
0
1 km
81

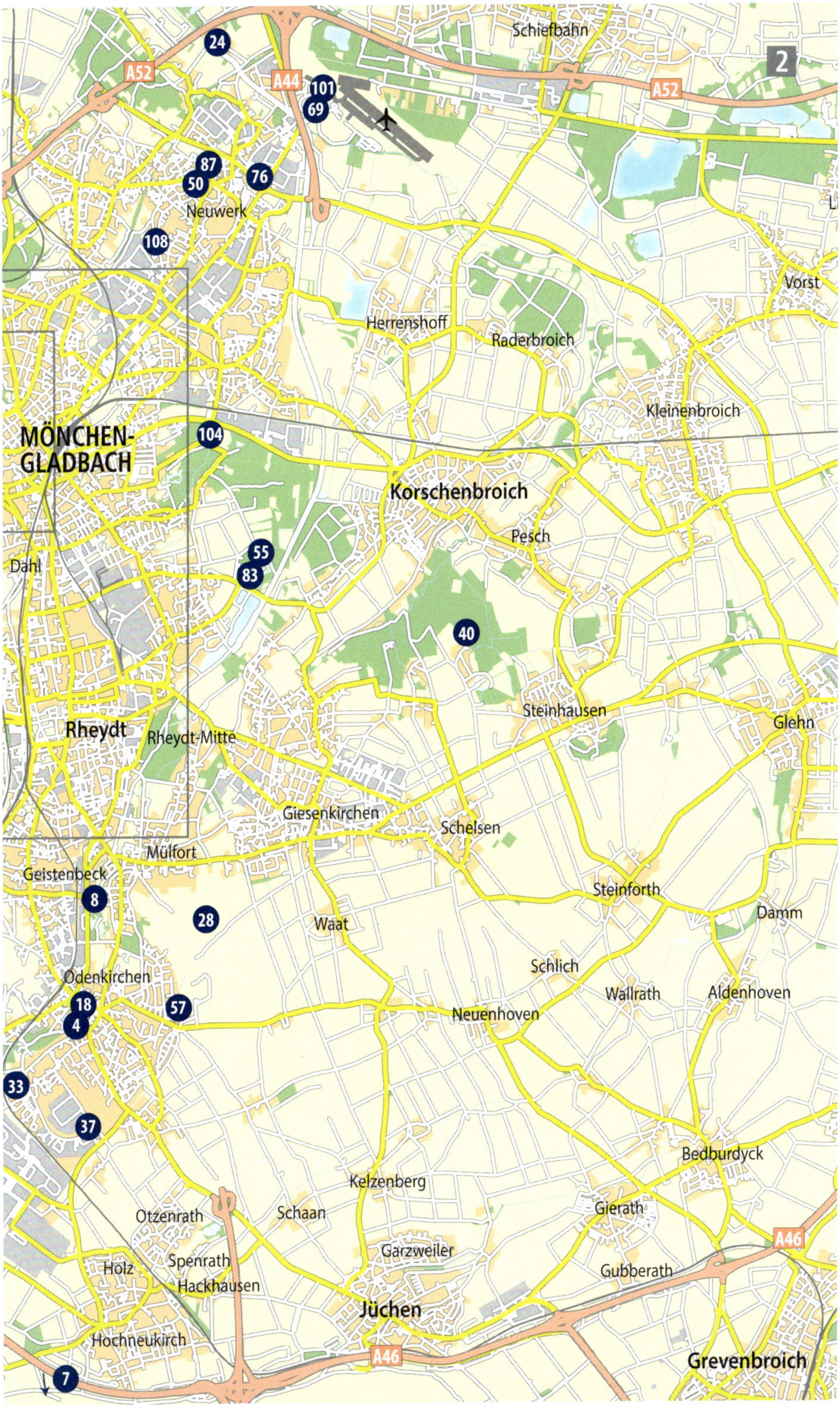
2
Schiefbahn
A52
A44
101
69
24
87
50
76
Neuwerk
108
Vorst
Herrenshoff
Raderbroich
Kleinenbroich
MÖNCHEN-
GLADBACH
104
Korschenbroich
Pesch
Dahl
55
83
40
Steinhausen
Glehn
Rheydt
Rheydt-Mitte
Giesenkirchen
Schelsen
Mülfort
Geistenbeck
8
28
Waat
Steinforth
Damm
Schlich
Wallrath
Aldenhoven
Odenkirchen
18
4
57
Neuenhoven
33
37
Bedburdyck
Kelzenberg
Otzenrath
Schaan
Gierath
A46
Garzweiler
Gubberath
Holz
Spenrath
Hackhausen
Jüchen
Hochneukirch
Grevenbroich
7

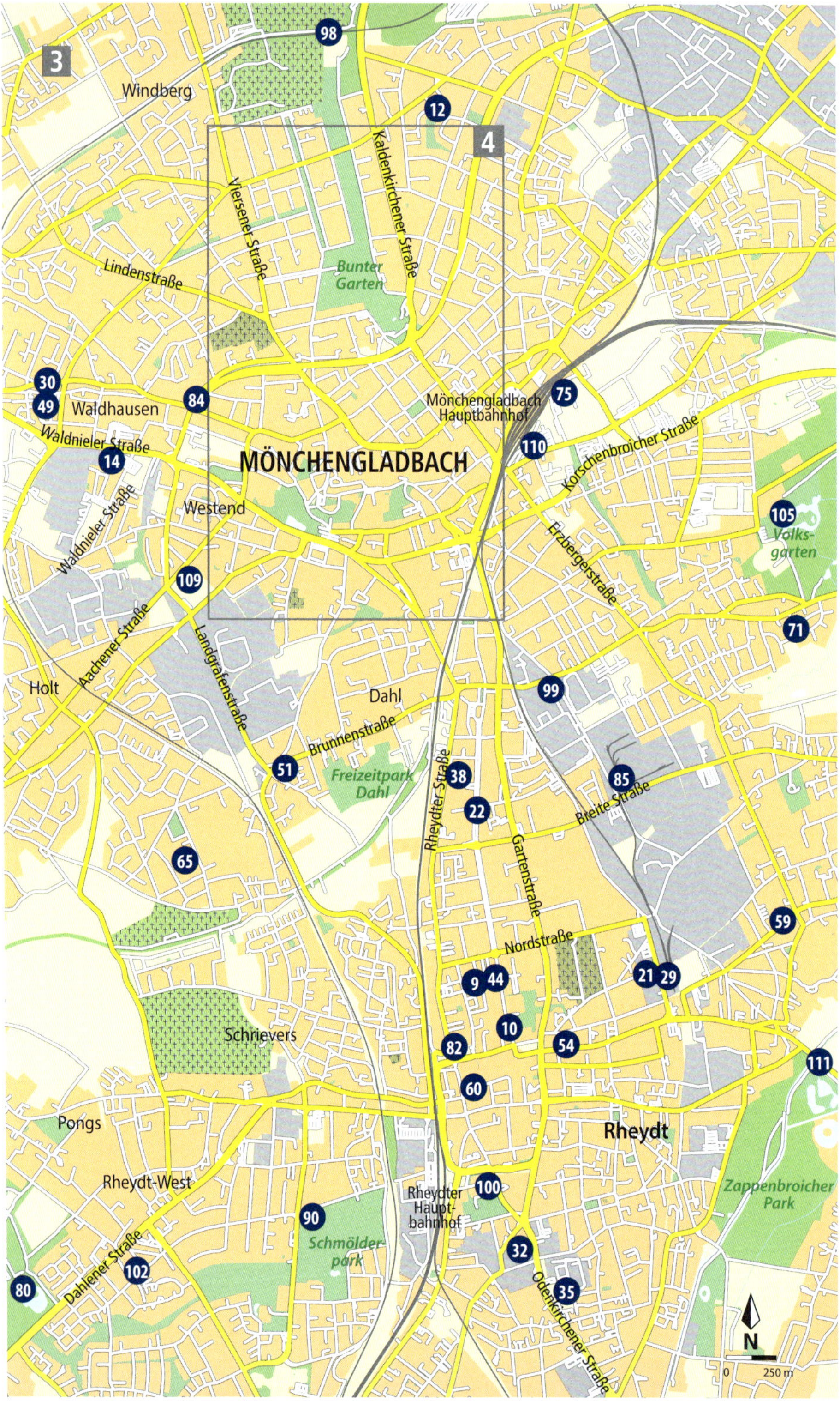

3
4
Windberg
Viersener Straße
Kaldenkirchener Straße
Bunter Garten
Lindenstraße
Waldhausen
Waldnieler Straße
MÖNCHENGLADBACH
Mönchengladbach Hauptbahnhof
Korschenbroicher Straße
Westend
Volksgarten
Erzbergerstraße
Aachener Straße
Landgrafenstraße
Holt
Dahl
Brunnenstraße
Freizeitpark Dahl
Rheydter Straße
Breite Straße
Gartenstraße
Nordstraße
Schrievers
Pongs
Rheydt
Rheydt-West
Rheydter Hauptbahnhof
Zappenbroicher Park
Schmölderpark
Dahlener Straße
Odenkirchener Straße
N
0 250 m
98
12
30
49
84
14
75
110
105
109
71
99
51
38
85
22
65
59
9
44
21
29
10
82
54
111
60
100
90
32
80
102
35

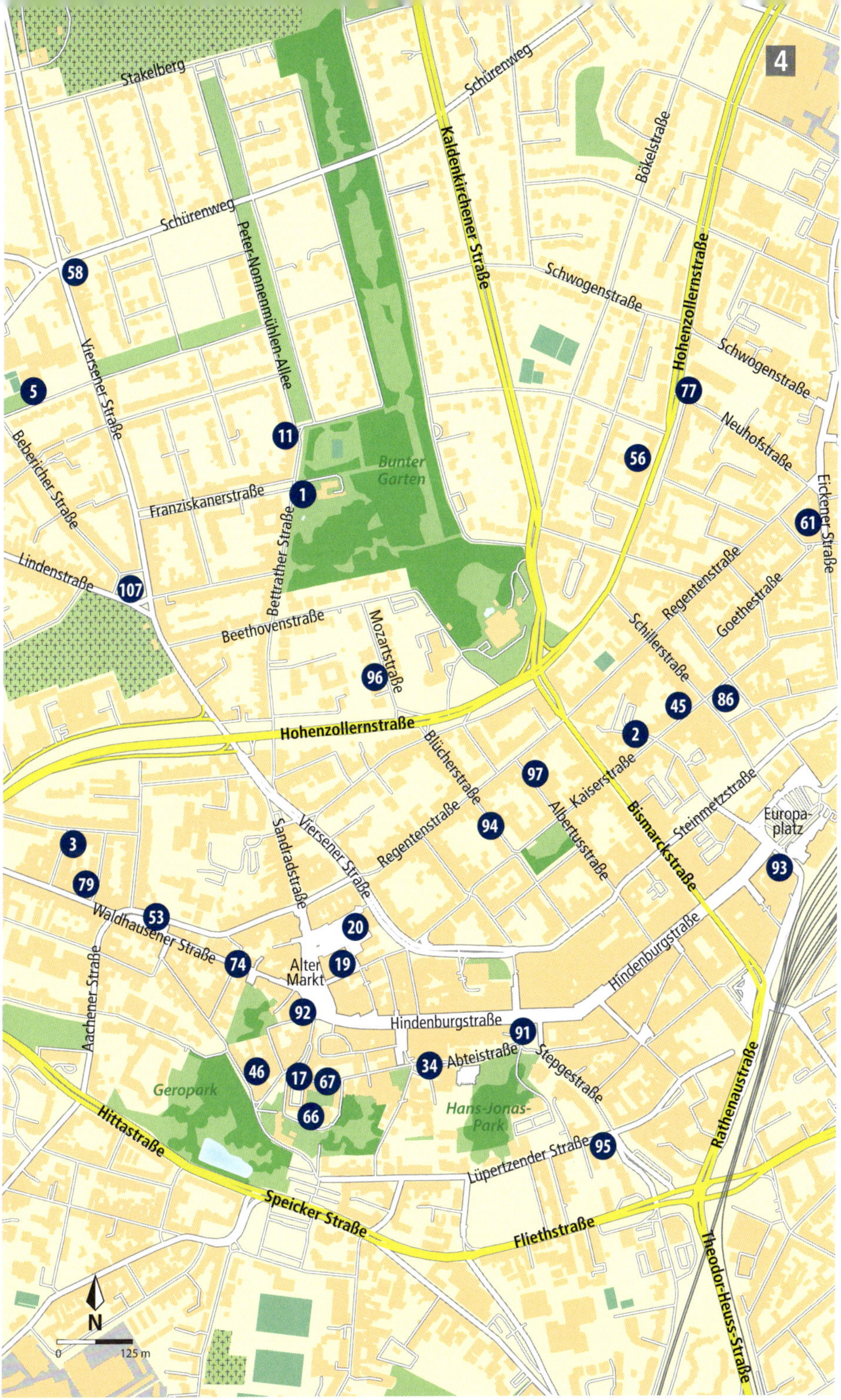
4
Stakelberg
Schürenweg
Schürenweg
Kaldenkirchener Straße
Bökelstraße
Hohenzollernstraße
Schwogenstraße
Schwogenstraße
Neuhofstraße
Eickener Straße
Peter-Nonnenmühlen-Allee
Viersener Straße
Bebericher Straße
Franziskanerstraße
Bunter Garten
Bettrather Straße
Lindenstraße
Beethovenstraße
Mozartstraße
Regentenstraße
Goethestraße
Schillerstraße
Hohenzollernstraße
Blücherstraße
Kaiserstraße
Albertusstraße
Bismarckstraße
Steinmetzstraße
Europa-platz
Regentenstraße
Viersener Straße
Sandradstraße
Waldhausener Straße
Aachener Straße
Alter Markt
Hindenburgstraße
Hindenburgstraße
Abteistraße
Stepgesstraße
Geropark
Hans-Jonas-Park
Hittastraße
Lüpertzender Straße
Rathenaustraße
Speicker Straße
Fliethstraße
Theodor-Heuss-Straße
N
0
125 m
58
5
11
1
107
96
77
56
61
45
86
2
97
94
3
79
53
20
74
19
92
91
93
46
17
67
66
34
95

Peter Eickhoff
111 Orte am Niederrhein, die man gesehen haben muss
ISBN 978-3-89705-815-6

Peter Eickhoff
111 Düsseldorfer Orte, die man gesehen haben muss
ISBN 978-3-89705-699-2

Bernd Imgrund, Britta Schmitz
111 Kölner Orte, die man gesehen haben muss
ISBN 978-3-89705-618-3

Bernd Imgrund, Britta Schmitz
111 Kölner Orte, die man gesehen haben muss, Band 2
ISBN 978-3-89705-695-4

Bernd Imgrund, Nina Osmers
111 Orte im Kölner Umland, die man gesehen haben muss
ISBN 978-3-89705-777-7

Markus Danner, Johannes Seibt
111 Orte in Leverkusen, die man gesehen haben muss
ISBN 978-3-95451-849-4

Bernd Imgrund
111 Orte in der Eifel, die man gesehen haben muss
ISBN 978-3-7408-0729-0

Bernd Imgrund
111 Orte in der Eifel, die man gesehen haben muss, Band 2
ISBN 978-3-7408-0552-4

Eckhard Heck
111 Orte in Bonn, die man gesehen haben muss
ISBN 978-3-95451-212-6

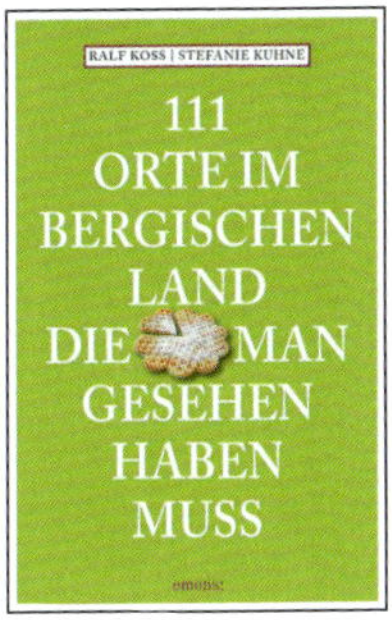

Ralf Koss, Stefanie Kuhne
111 Orte im Bergischen Land, die man gesehen haben muss
ISBN 978-3-95451-027-6

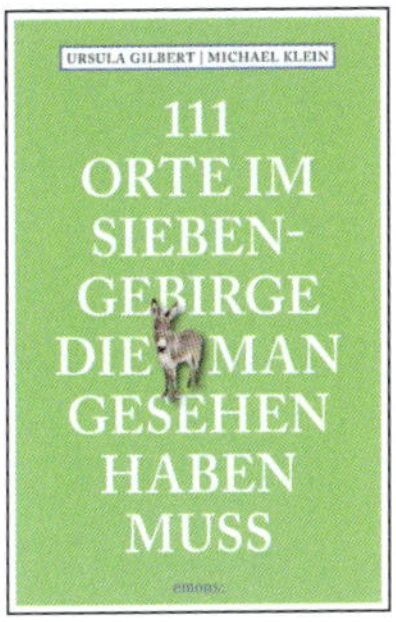

Ursula Gilbert, Michael Klein
111 Orte im Siebengebirge, die man gesehen haben muss
ISBN 978-3-95451-921-7

Barbara Kemmer, Frank Schmitt
111 Orte in Koblenz, die man gesehen haben muss
ISBN 978-3-7408-0439-8

Anke Müller
111 Orte an der Mosel, die man gesehen haben muss
ISBN 978-3-95451-325-3

Elisabeth Friesenhahn, Peter Friesenhahn
111 Orte im Hunsrück, die man gesehen haben muss
ISBN 978-3-95451-319-2

Peter Bieg, Maximilian Staub
111 Orte in Trier, die man gesehen haben muss
ISBN 978-3-95451-848-7

Stefanie Jung
111 Orte in Mainz, die man gesehen haben muss
ISBN 978-3-95451-041-2

Fabian Pasalk
111 Orte in Wuppertal, die man gesehen haben muss
ISBN 978-3-7408-0247-9

Alexander Barth, Eckhard Heck
111 Orte in Aachen und der Euregio, die man gesehen haben muss
ISBN 978-3-89705-931-3

Textnachweis

Garnet Manecke:
1, 2, 3, 6, 7, 9, 10, 11, 14, 15, 17, 18, 19, 20, 21, 22, 23, 24, 25, 26, 27, 28, 29, 30, 32, 33, 34, 36, 37, 40, 41, 42, 43, 44, 46, 48, 50, 51, 52, 54, 57, 58, 59, 60, 62, 64, 66, 67, 69, 71, 72, 74, 75, 77, 80, 81, 82, 84, 85, 88, 89, 90, 95, 97, 98, 99, 100, 103, 104, 106, 108, 109, 110, 111

Vera Anders:
4, 5, 8, 12, 13, 16, 31, 35, 38, 39, 45, 47, 49, 53, 55, 56, 61, 63, 65, 68, 70, 73, 76, 78, 79, 83, 86, 87, 91, 92, 93, 94, 96, 101, 102, 105, 107

Unser herzlicher Dank gilt allen, die uns bei der Arbeit an diesem Buch auf so vielfältige Weise unterstützt haben.

Garnet Manecke ist Journalistin und Texterin und lebt seit über 20 Jahren in Mönchengladbach. Sie schreibt und fotografiert für Zeitungen, Magazine und Unternehmenspublikationen. In ihrem Blog »MG is(s)t gut« schreibt sie über die genussvolle Seite der Stadt.

Vera Anders, Germanistin aus Köln, lebt nach vielen Stationen seit 2004 mit ihrer Familie in Mönchengladbach. In ihren Aufträgen als selbstständige Texterin, Trainerin und Coach geht es immer um die richtigen Wörter und gute Kommunikation.